VENDER
SIN
VENDER

ÁLVARO ALDRETE MORFÍN

VENDER SIN VENDER

ESTRATEGIAS PARA NEGOCIAR CON SENTIDO HUMANO

Diseño de portada: Músicos del Titanic / Sergi Rucabado Rebés
Diseño de interiores: Beatriz Díaz Corona

© 2015, Álvaro Aldrete Morfín

Derechos reservados

© 2015, Editorial Planeta Mexicana, S.A. de C.V.
Bajo el sello editorial DIANA M.R.
Avenida Presidente Masarik núm. 111, Piso 2
Colonia Polanco V Sección
Deleg. Miguel Hidalgo
C.P. 11560, Ciudad de México
www.planetadelibros.com.mx

Primera edición: julio de 2015
Primera reimpresión: junio de 2016
ISBN: 978-607-07-2995-9

Impreso en los talleres de Litográfica Ingramex, S.A. de C.V.
Centeno núm. 162, colonia Granjas Esmeralda, Ciudad de México
Impreso y hecho en México – *Printed and made in Mexico*

Índice

Capítulo 1. Vender con Sentido Humano

Capítulo 3. Estrategias y Plan de Trabajo

Capítulo 5. Un recorrido por el mundo de los valores

Dedicatoria

Este libro es, en primer lugar y con mucha gratitud, para Lorenza, mi esposa, porque su fe y su confianza en mí descubrieron una riqueza que yo desconocía: mi capacidad para vender.

Para mis padres y mi hermana, por guiarme con su ejemplo y motivarme con sus extraordinarios cuidados.

Lo ofrezco feliz a mis maravillosos hijos, porque iluminan y llenan cada uno de mis días con su amor y su alegría.

También lo dedico a todas y a cada una de las personas, que me han compartido sus "secretos" y me han guiado en el camino de las ventas.

Agradecimientos

Agradezco a mis mentores, Carlos, Cristina, Evaristo, Fernando, Jorge, Juan Pablo, Lucila, Regina, Ricardo y Rodo, por compartir conmigo sus conocimientos, su experiencia y su amistad, y porque estoy convencido de que el éxito consiste en seguir los pasos de quienes son inspiración y guía. Al escribir este libro pretendo compartir con la gente lo que ustedes me han enseñado.

También quiero agradecer de manera especial a Alberto Castellanos, ya que sin su ayuda no habría sido posible la realización de este libro.

Las oportunidades que nos da la vida

Cuando comencé a escribir este libro, le comenté a Lorenza, mi esposa, los temas que pensaba desarrollar; ella me sugirió que incluyera unos párrafos acerca de la importancia que tiene descubrir las oportunidades que nos presenta la vida, porque de cada uno de nosotros depende el saber aprovecharlas o no. Se trata de una responsabilidad individual.

La sugerencia de Lorenza tenía como fundamento mi propia experiencia. Desde que terminé mi carrera universitaria, la vida me ha presentado grandes oportunidades en el ámbito laboral; la mayoría me ha exigido emprender cambios importantes, tomar decisiones relevantes, como vivir en otro país o pasar de la industria electrónica al mundo de la asesoría patrimonial.

Gracias a a que un día decidí aprovechar una oportunidad que, sin esperarla, se presentó en mi vida, hoy puedo afirmar que trabajo en lo que más me gusta hacer, y esto es una gran motivación que me ayuda a comenzar cada día con entusiasmo y confianza.

Hoy, después de varios años de haber tomado la decisión, algunas de las personas más cercanas a mí, aseguran que nunca tuvieron la menor duda de que me iba a ir muy bien como asesor patrimonial. Curiosamente, mientras me desarrollaba en la industria de la construcción y en la electrónica, ninguna de esas personas, a excepción de Lorenza, me dijo que veían en mí un perfil diferente.

Con todos estos cambios, en apariencia ilógicos, he aprendido que si no estamos disfrutando lo que hacemos y en nuestro interior existe cierta curiosidad sobre otras posibilidades, debemos darnos la oportunidad de probar nuevos caminos y nuevas rutas de crecimiento profesional. Es probable que encontremos algo más apasionante, que descubramos cualidades que tenemos y que jamás reconoceríamos si no aprovechamos las oportunidades que se nos presentan.

Es en verdad difícil tomar decisiones que implican cambios de rumbo, porque tendemos con facilidad a crear zonas de confort e instalarnos en ellas, pero siempre será mayor la satisfacción de haber intentado algo mejor que la incertidumbre de no saber lo que habría pasado.

Equilibrio

Uno de los retos más importantes durante mi carrera como asesor patrimonial ha sido lograr un sano equilibrio entre las que considero las cuatro áreas fundamentales de la vida del ser humano:

FAMILIAR, PERSONAL, LABORAL Y ESPIRITUAL

Ser dueños de nuestro tiempo es un arma de doble filo. Si lo sabemos aprovechar, con su debido orden, nos da la enorme ventaja de poder organizarnos para dar tiempo y espacio a lo que más valoramos en la vida.

En mi caso, esto ha significado poder hacer ejercicio, llevar a mis hijos al colegio, cumplir con mis actividades laborales, comer la mayoría de los días con mi familia, estar temprano en mi casa y asistir a la mayoría de las actividades de nuestros hijos.

Al menos un día a la semana me reúno con mis amigos a disfrutar de su presencia, a reírnos y conversar sobre temas sin importancia que nos ayudan a relajarnos, aunque de cuando en cuando tocamos también puntos de interés especial para todos.

Todas las semanas tengo un espacio reservado para el crecimiento espiritual, y una o dos veces al año me escapo de fin de semana para fortalecer este aspecto, que considero muy importante en la vida de toda persona.

La fuerza viene de adentro, del espíritu. Cuando el espíritu está debilitado, somos presa fácil de las circunstancias exteriores, nos volvemos débiles y las dificultades nos vencen con facilidad.

Cada persona tiene preferencias y gustos distintos, sin embargo, creo que todos deberíamos buscar el equilibrio en nuestras vidas, evitar que una de las áreas robe el tiempo y el espacio que corresponde a las otras, porque una cosa es cierta: cuando aceptamos una actividad, rechazamos automáticamente todas las demás opciones.

El engaño

Tuve la fortuna de casarme con Lorenza cuando ambos teníamos apenas 24 años de edad. En ese momento yo trabajaba para Flextronics Manufacturing, una empresa maquiladora en Rochester, New Hampshire; un pueblo de 29,054 habitantes, que representa el dos por ciento de la población que tiene Guadalajara, ciudad donde vivía antes. En el aspecto económico era autosuficiente y sentía que lo único que me hacía falta para ser completamente feliz era tener conmigo al amor de mi vida; esa fue la razón por la que decidí proponerle matrimonio a tan corta edad. Con la capacidad económica para sostener nuestro proyecto familiar, decidí que no valía la pena prolongar más el deseo de estar juntos y el 5 de mayo de 2001, después de vivir solo durante ocho meses, nos casamos en Guadalajara y comenzamos nuestra vida matrimonial en Rochester, New Hampshire.

Al inicio teníamos solo un auto, que compartíamos. Yo trabajaba *nine to five,* el tradicional horario laboral de los estadounidenses, la planta estaba cerca de nuestro departamento y yo no tenía que salir durante el día. Un auto era más que suficiente para cubrir nuestras necesidades.

Poco después, sin embargo, Flextronics inauguró una nueva planta en Portsmouth, New Hampshire. Eso implicaba conducir durante treinta minutos, si el día era soleado, pero el trayecto podría tomar hasta una hora en un día con lluvia o nieve, condiciones que predominaban 80 por ciento de los días en ese rincón del mundo.

Por otra parte, entre las mejores cosas de vivir en New Hampshire estaban los maravillosos lugares que existen alrededor. Nosotros, siendo un matrimonio joven y sin hijos, aprovechábamos la mayoría de los fines de semana para ir a Boston o a Nueva York.

Durante el verano, nuestro lugar favorito era la playa de Hampton Beach, a sólo cuarenta minutos de nuestro departamento. Un fin de semana que nos dirigíamos a ese lugar por la 101, una bellísima carretera panorámica que atravesaba bosques multicolores, pasamos al lado de una agencia de autos. Yo llevaba un tiempo pensando que muy pronto necesitaríamos un segundo vehículo; mi idea era comprar una camioneta para Lorenza. A pesar de que en ese momento no tenía los recursos para comprar un auto nuevo, se me ocurrió visitar aquella agencia para comenzar a analizar opciones.

Nos bajamos y vimos justo lo que satisfacía nuestras necesidades: una camioneta pequeña, económica y 4x4, característica indispensable por las nevadas que solían caer en New Hampshire durante el invierno.

No habíamos terminado de ver el vehículo cuando nos abordó un vendedor que siguió su *"script"* al pie de la letra:

—¿En qué puedo servirles? Estoy a sus órdenes.

—¡Gracias! —respondí secamente—. Sólo estamos viendo.

—Permítame decirle, señor...

—Aldrete.

—Señor Aldrete, éste es un auto extraordinario. ¿Lo quiere para usted o para su esposa? —miró levemente a Lorenza.

—En realidad sólo queremos conocer opciones.

—Creo que tengo la solución que buscan, tenemos muy buenos planes de crédito.

Para evitar malentendidos, definí mi posición y fui franco.

—No necesitamos el auto en este momento, será en un futuro.

—¡Ah, muy bien! —me contestó, como si hubiera entendido, pero siguió con su discurso.

—Es una oportunidad magnífica que no debe desaprovechar.

—En verdad, en este momento no tenemos la capacidad para comprarlo.

—Pero no tiene que pagarlo de contado —persistió—. Como le dije, tenemos planes de crédito maravillosos, con muy poco interés, ni se va a dar cuenta de que lo está pagando.

A esas alturas de la conversación empecé a hartarme, a sentirme muy incómodo. Respondí tajante, incluso un poco grosero.

—No tengo ninguna intención, ni me interesa adquirir ninguno de sus créditos. No sé si entendió que sólo queremos conocer los precios y las diferentes versiones.

—Sí, señor Aldrete, entendí muy bien, pero ¿por qué dejar escapar una oportunidad tan buena como ésta? Es más, creo que es la última unidad que nos queda; si usted se anima puedo conseguirle un precio preferencial.

Me di cuenta de que aquel vendedor no me escuchaba, sólo estaba pensando en cómo podría convencerme y, cuando yo hablaba, estaba planeando qué otro argumento usar para lograr su propósito; incluso intentó hacerme firmar un documento en blanco y plasmar, con mi puño y letra, cuánto estaba dispuesto a pagar de forma mensual para adquirir el auto. No exagero en absoluto si afirmo que, con la amabilidad que mi molestia me permitía, le repetí al menos seis veces:

—¡No estoy interesado en comprar el coche. punto!

Creo que aquel hombre en verdad estaba desesperado, pues al momento en que intentamos salir de la agencia nos cerraba el paso poniéndose delante de nosotros, hasta que me colmó la paciencia, tomé, mejor dicho jalé de la mano a Lorenza y salimos a toda velocidad de aquel lugar, medio atropellando al impertinente vendedor.

Le abrí la puerta del auto a mi esposa, como acostumbro a hacerlo hasta la fecha, aunque la cerré un poco menos suave de lo habitual, subí por mi lado y cerré la portezuela tan fuerte que pudo haber quedado "soldada". Respiré profundamente y, todavía sin poder recuperar la calma, comencé a decirle a Lorenza:

—¡Estoy realmente molesto! ¡En qué momento se nos ocurrió entrar a ver coches! ¡No puede ser que ese tipo nos haya tratado de obligar a comprar lo que no queremos ni podemos en este momento! ¿Te fijaste cómo ni siquiera me escuchaba? Estaba metido en su rollo, obsesionado por ganar su miserable comisión, en lugar de escuchar nuestras necesidades, respetar nuestros tiempos, ponerse a nuestras órdenes y pedir nuestro teléfono para llamarnos después. Eso hubiera sido más inteligente de su parte, porque entonces me habría podido contactar unos meses después.

Lorenza, inteligente, escuchaba en silencio mi desahogo y permitía que saliera toda mi furia, mientras yo continuaba.

—Te prometo que aunque fuera el último auto del planeta, jamás volveré a esta agencia con tal de no verle la cara a ese tipo. ¿Sabes qué es lo peor? ¡Me hizo perder la paz y el buen ánimo con el que venía! ¡Arruinó nuestro fin de semana tan esperado!

Pasaron unos minutos, yo seguía respirando agitado por el enojo y ella miraba el horizonte sin pronunciar palabra. De pronto me vino una idea, que fue una especie de mandato, y la solté como un propósito de vida:

—Dos cosas no voy a hacer en mi vida, Lory, vender autos y vender seguros, ¡jamás!

No habían pasado treinta segundos cuando ella se volvió hacia mí y, con esa mirada tierna que la caracteriza, me preguntó con suavidad, tratando de no alterarme, pero metiendo el dedo en la llaga:

—De verdad, ¿jamás? Es curioso, yo pienso que serías un gran agente de seguros.

No podía creer lo que estaba escuchando, apenas registré sus palabras me volvió el enojo que se había suavizado y, lleno de soberbia, le espeté:

—¿Cómo te atreves a pensar eso? ¿Estás bromeando? Soy ingeniero industrial, trabajo como program manager en una de las empresas maquiladoras más importantes del mundo, he mejorado mi puesto sustancialmente en solo tres años —respiré hondo para soltarle el último ataque—, ¿y te atreves a pensar que algún día me pondría a vender seguros de puerta en puerta?

Luego de este segundo desahogo recorrimos en absoluto silencio los 25 minutos que nos separaban todavía de Hampton Beach. Creo que el aprendizaje fue claro para mi guapa esposa, jamás volvió a tocar el tema.

Era el verano del año 2001, la vida continuaba con la rutina de cada día, pero el 11 de septiembre un ataque terrorista derribó dramáticamente las Torres Gemelas de Nueva York y la inercia del mundo, y la nuestra, se trastocó. Con esa tragedia a unos pasos de nuestro lugar de residencia, el sueño americano que habíamos comenzado a vivir y a construir parecía desmoronarse irremediablemente.

Lorenza y yo habíamos ido a Nueva York el 31 de agosto para pasar ahí el *Labor Day*, que se celebra el primer lunes de septiembre. El domingo 2 de septiembre estuvimos de visita turística en aquellas dos columnas gigantescas. Nunca imaginamos que ocho días más tarde esas torres majestuosas quedarían reducidas a polvo y escombros.

Como consecuencia de aquel desastre, inició una serie de recortes de personal en la mayoría de las empresas y se incrementaron las tareas asignadas para los que aún conservábamos el empleo. El horario de trabajo pasó del tradicional *nine to five* a un *nine to nine* o más, si se requería.

Recordé entonces el refrán que recomienda: "Cuando veas las barbas de tu vecino cortar, pon las tuyas a remojar". Pensé que nuestra vida en Estados Unidos se alejaba cada vez más del sueño que un día imaginamos, y que si no tomaba cartas en el asunto me quedaría desempleado, sin tiempo ni ahorros para buscar algo en mi país, pues mi visa especificaba que sólo podía trabajar en esa empresa. Sin esperar a que me despidieran, todavía laborando ahí, comencé a buscar alguna otra oportunidad de empleo, recurriendo a mis conocidos y a mis proveedores que tenían oficinas en México.

Un gran amigo que trabajaba para la empresa *Stephen Gould*, me había dicho que existía una oportunidad en México.

—Álvaro, el empleo que ofrecen es en Zapopan ¿te interesa? –me preguntó un día.

No podía creer en tanta suerte. Zapopan es ya parte de Guadalajara. Levanté la mano para el puesto y acudí a un par de entrevistas al corporativo de Stephen Gould, ubicado en Whippany, New Jersey. Después de unas semanas me llegó la oferta formal para ocupar la vacante; incluía mudanza de casa y vuelos para 2 personas.

A finales del año 2002 estábamos en Guadalajara. Mi trabajo en la empresa estaba enfocado en el área de relaciones públicas, por lo que pasaba la mayor parte del tiempo en comidas con los clientes, cenas, juegos de golf y otras actividades sociales. Aunque puede sonar como un trabajo de ensueño, la verdad es que después de un tiempo se volvió muy cansado y tedioso para mí.

Mantuve este ritmo de trabajo hasta el año 2004, cuando un buen amigo, que había sido mi proveedor en New Hampshire, me hizo una oferta muy interesante para iniciar una empresa, la *Asian Atlantic Industries*. La oferta fue muy tentadora; renuncié a Stephen Gould y comenzamos desde cero, es decir, tuvimos que constituir la empresa, buscar oficinas, establecer una estrategia, etc. Al final de cuentas terminé haciendo lo de antes: comer, cenar y jugar golf con los clientes y posibles clientes.

El sueldo era bueno y superior al del trabajo anterior, sin embargo no resultaba suficiente para cubrir las necesidades de nuestra dinámica matrimonial, pues al no tener hijos íbamos a restaurantes con frecuencia y salíamos de fiesta con los amigos. No medíamos ni controlábamos nuestros gastos.

Un día, Lorenza me comentó que su prima y una amiga nuestra estaban teniendo muy buenos ingresos con la venta de seguros. La escuché sin saber a dónde iba.

—Pienso ponerme a vender seguros para tener más ingresos y salir de la "carrera de la rata" (término utilizado por Robert Kiyosaki en su libro *Padre Rico, Padre Pobre)* —me dijo con mucha determinación.

Su propuesta me tomó por sorpresa. Antes de casarnos habíamos acordado que yo proveería los gastos de la casa, para que ella se dedicara a las labores del hogar y, eventualmente, pudiera atender y educar a nuestros hijos.

Lory es artista y mientras no tuvimos hijos se dedicó a pintar y a tomar fotografías (lo cual, por cierto, hace muy bien). Sin embargo, la idea de trabajar con su prima y su amiga no me desagradó en absoluto.

—De acuerdo mi amor, si crees que es lo mejor yo te apoyaré en todo.

—¡Gracias! —me contestó satisfecha—. En unos días me van entrevistar.

—¡Maravilloso! Sé que te va a ir muy bien, te van a dar el trabajo.

No volvimos a hablar del tema. Unos días más tarde me comentó que le habían dado la cita para la entrevista.

—¿Me puedes acompañar? Tengo un poco de nervios... —preguntó cándidamente.

—No te preocupes, si te ayuda que te acompañe, lo hago con gusto.

—Sí, por favor.

Llegamos a las oficinas de la empresa de seguros. Ahí estaban nuestra amiga y su hermano, quien es uno de mis mejores amigos y, a la sazón, era el promotor de la compañía. Lo saludé con especial cariño y fuimos a tomar un café mientras Lory terminaba la entrevista y presentaba una prueba que la confirmaría como Agente Profesional de Seguros.

Un par de horas después la vi salir y me apresuré a preguntarle:

—¿Cómo te fue, mi amor?

—¡Muy mal! No aprobé el examen —parecía desconsolada, pero no preocupada—. Después de hacer ese examen llegué a la conclusión de que no estoy hecha para eso.

—Bueno, no te precipites, quizá después tienes otra oportunidad...

—No, no creo... —me dijo muy segura—. Pero pienso que tú sí la harías en esto de los seguros. ¿Por qué no te animas a presentar la prueba? No pierdes nada y ya estamos aquí.

No pude evitar pensar que todo había sido planeado o, como dice cierto político mexicano, que aquello era un "compló". Sentí que algo se rebelaba dentro de mí, pero no iba a hacer un "numerito" delante de nuestros amigos; accedí a la sugerencia de mi esposa y me fui a presentar el examen. Al terminar pasé directamente a una entrevista con mi amigo Ricardo quien, dicho sea de paso, estaba entusiasmado con la idea de que yo me sumara a la fuerza de ventas de su promotoría. Cumplí para no quedar mal pero no estaba nada entusiasmado con la idea. **Tenía muchos prejuicios en mi mente, que me impedían ver aquello como una oportunidad o una opción en mi vida.**

Al terminar la reunión, noté que Lory y Ricardo estaban de acuerdo en convencerme de que tomara la alternativa, rompiera mis paradigmas y cambiara dramáticamente el giro de mi vida. Ambos reconocerían, tiempo después, que todo había sido perfectamente planeado. Todo había sido un "engaño" perfecto.

Las cosas pasan por algo y llegan cuando deben llegar, en el momento preciso. En realidad ya me había cansado de seguir comiendo, cenando y jugando golf con los clientes, tal vez por ello acepté la oportunidad de explorar algo nuevo y diferente.

A la vuelta de unos cuantos años me siento feliz por haber tomado esa decisión, estoy agradecido con Lory y con Ricardo por haberme dado la oportunidad y haber creído en mí; vivo satisfecho por haber roto con mis prejuicios y haberme atrevido a correr el riesgo gracias a ese inteligente "engaño".

Mi vida comenzó a ser diferente y hoy la disfruto al máximo, pues veo en mi trabajo una vocación que me hace levantarme cada día con la felicidad de poder hacer lo que me gusta, y poder ayudar a mis semejantes a planear su futuro y asegurar el de sus seres queridos.

Hoy, doy gracias a Dios por haberme dado la oportunidad de convertirme en un agente profesional de seguros de vida aunque, irónicamenete, sigo sintiendo aversión hacia los vendedores impertinentes e incisivos, que utilizan el método de "Ventas 1.1" con tal de cerrar un contrato y ganar su comisión, sin importar cuál sea la situación y las necesidades reales de su cliente.

Capítulo 1

Vender con Sentido Humano

Hasta hace unos años, el vendedor era el típico personaje enfundado en un traje barato, con la corbata floja y la camisa desaliñada. Casi siempre cargaba un maletín enorme, en el que llevaba un fajo de papeles desordenados y muestras de productos "mágicos", que ofrecía como el "secreto para la felicidad". Ese personaje recorría el barrio casa por casa, tocando cada puerta en los momentos menos oportunos, insistiendo de manera imprudente, haciendo perder el tiempo... resultaba un tipo odioso.

Hoy, las ventas se han diversificado tanto en sistemas y productos, que esa figura ya es "historia". Sin embargo, **ni la desaparición del estereotipo del vendedor (que agradezco) o el aumento de las ventas vía internet (por resultar más cómodas), han logrado resolver el problema real de las ventas: la despersonalización;** es decir, el concebir la venta como una meta contable que aporta comisiones muy bajas al vendedor y ganancias muy altas al propietario.

Los sistemas modernos de ventas son extraordinariamente agresivos en todos los sentidos, ya que el objetivo es vender a toda costa, sin importar lo que se tenga que hacer, pareciera que la consigna es "no dejar ir vivo al cliente".

El arte de acompañar al cliente

Vender debe implicar acompañar al consumidor en el proceso de compra, orientarlo para que pueda tomar las mejores decisiones para él y, sobre todo, respetar sus deseos. Con frecuencia se comete el error de tratar de convencer al cliente para que compre "lo que necesita", sin tomar en cuenta sus deseos. Tratando de evitar esta equivocación que, seguramente, dejará un mal sabor de boca en la clientela, vale la pena diferenciar entre la necesidad y el deseo.

El hecho de que las necesidades se expresen a través de los deseos no significa que necesidad y deseo coincidan siempre. **La necesidad siempre va a provocar un deseo, pero el deseo no siempre corresponde a una necesidad verdadera.** Alguien puede necesitar un auto porque pierde mucho tiempo en el transporte público, pero si su economía no le permite adquirirlo o no lo ve como una prioridad, lo más probable es que el deseo sea tan pequeño que ni considerará esa compra como una posibilidad.

Por el contrario, si alguien desea mucho una televisión con mejor resolución que la suya, se trata de un deseo que no proviene de una necesidad, pues ya tiene televisión, sino que es producto de un apetito de novedad o del consumismo. Si la persona tiene el dinero suficiente y lo ve como prioridad, es probable que termine comprando la televisión nueva, aunque no represente una necesidad real.

Es importante que el vendedor ayude al cliente a comprar lo que necesita, siempre y cuando lo desee.

Cuando los sistemas o métodos de venta se centran exclusivamente en aumentar los ingresos, se está sembrando en el cliente un rechazo instintivo hacia cualquier tipo de vendedor de modo que, a veces, se compra por hartazgo con tal de quitarse al sujeto de encima; en otras ocasiones, el solo hecho de que se acerque "alguien" (promotor, vendedor o quien fuera) a preguntarnos: "¿Le puedo ayudar en algo?", nos hace sentir incómodos y bloquea nuestra intención de compra; peor todavía si la persona en cuestión va detrás de nosotros observando qué nos interesa o qué tocamos, mientras hace comentarios sobre lo que nos conviene o no, sin siquiera conocer nuestro nombre.

Una de las sensaciones más incómodas cuando se va de compras es salir de una tienda con la duda, o con la desagradable certeza, de que no compramos lo que queríamos sino lo que nos sugirieron. La insatisfacción que provoca una mala compra genera muchos arrepentimientos y enojos. Sucede lo mismo cuando vamos a un restaurante, y tenemos la impresión de que el mesero no nos sugiere el platillo más rico sino el más caro; si la sugerencia nos desagradó, la posibilidad de volver a ese restaurante será mínima.

En definitiva, existe hoy un concepto equivocado de lo que es una venta y, por supuesto, de lo que es o debería ser un vendedor.

El sentido humano en las ventas

Si nos preguntamos por qué compramos, las respuestas pueden ser muy variadas: por necesidad, por gusto, por placer, por entretenimiento, por costumbre, por diversión, por desahogo compulsivo, por aburrimiento, por exceso de dinero, incluso puede ser por un "desquite" con la pareja... El hecho es que todos compramos, y vendemos, constantemente.

El esquema de las ventas es milenario y relativamente sencillo: el cliente (comprador) presenta una necesidad, el vendedor le hace una oferta, el cliente satisface su necesidad porque el vendedor le ofreció algo útil y, finalmente, el cliente logra un cierto grado de felicidad al sentir el bienestar o la comodidad de la compra, mientras el vendedor aumenta su ganancia.

Está demostrado que la satisfacción de necesidades aporta cierto nivel de bienestar, con lo cual el cliente espera aumentar grados de felicidad a su vida, y eso es, precisamente, a lo que le apuesta el vendedor; a "vender felicidad".

El fenómeno moderno del "consumismo" surge del afán que tienen los compradores por ganar niveles de felicidad adquiriendo bienestar material (con la complicidad de los vendedores, a quienes en muchas ocasiones sólo les importa la cuestión pecuniaria).

El esquema de la compra-venta tiene su raíz en la constante tendencia del hombre a satisfacer los vacíos de su vida, los cuales corresponden a sus necesidades, que suelen ser de dos tipos:

- Los vacíos físico-materiales se satisfacen adquiriendo cosas que aumenten nuestro bienestar y que cubran nuestras necesidades materiales. En ocasiones, cuando la persona sólo valora este tipo de carencias les da una importancia desmedida, y en su afán por llenar su existencia trata de llenar su vida comprando horas de gimnasio, dietas extremas y/o ropa de marca.

- Los vacíos espirituales. Al igual que el cuerpo, el espíritu humano tiene sus propias "necesidades"; el problema es que son intangibles y se les suele dar poca importancia. Los vacíos espirituales se llenan alimentando la mente, cultivando los buenos sentimientos, fortaleciendo la voluntad, practicando los valores y siendo muy respetuoso en la relación y la convivencia con los demás. Se requiere un cierto grado de profundidad, reflexión y atención para identificar los reclamos de nuestro espíritu.

El reto de toda persona consiste, precisamente, en lograr colmar sus propios vacíos; los físicos serán siempre más fáciles de cubrir; los espirituales pasarán muchas veces desapercibidos.

La vida es constante demanda y oferta. El aspecto social de las ventas

Por increíble que parezca, las ventas están conectadas al sentido de vida de las personas. La existencia humana es una búsqueda permanente y una demanda constante de éxito, de triunfo, de satisfacción, de superación personal incesante. Las ventas representan la oferta y el hallazgo de esa búsqueda.

Por ejemplo, todos deseamos amar y ser amados, por ello buscamos relaciones en las que se satisfaga este deseo, y lo hacemos "vendiendo", en realidad ofreciendo, nuestra manera de ser, nuestra amistad, nuestros valores, pretendiendo que haya personas que nos acepten y valoren como somos. **Una relación humana**

en el fondo cumple el esquema de la compra-venta mutua.

Así las cosas, y considerando la enorme evolución que han logrado los sistemas modernos de ventas, es un hecho que existe un riesgo muy grande, que ha empezado a causar estragos en la sociedad. El enfoque de la venta centralizado en lo monetario y redituable, ignora por completo a la persona, no ve en el cliente a un ser humano con ciertas necesidades, con sentimientos, con una historia sobre su espalda, sino simple y llanamente descubre en él a una posible presa, a la que hay que cazar usando el método del refrán que afirma que "del tamaño del sapo es la pedrada".

En estos casos el vendedor asume una actitud bipolar o "tripolar" dependiendo del cliente. Esto quiere decir que el vendedor no es honesto, pues si nota que su cliente está bien vestido y usa un coche último modelo, el trato es uno, al igual que el precio; mientras que si lo ve descuidado y su oficina no es muy lujosa, puede ser que ni atención le ponga y pierda todo tipo de interés en él. Es un grave error medir la calidad de los clientes por su capacidad económica; los clientes no valen por su poder adquisitivo sino por su dignidad como personas.

El gran error de la venta moderna es olvidarse de la persona, lo cual incide en transacciones poco eficaces y, sobre todo, poco duraderas. Tal vez se pueda vender el producto una o dos veces, pero el descuido de no tratar al cliente como una PERSONA en todo momento, hará que, más temprano que tarde, éste descubra que lo consintieron mientras estaban en el proceso de venta y que, una vez concluido, tal vez no recuerden ni su nombre.

La vida es una búsqueda permanente de bienestar en todos los sentidos: material, emocional y espiritual. Esto representa un campo ilimitado de oportunidades para el buen vendedor, no así para el que sólo quiere amarrar una comisión.

Si los vendedores entendemos que las personas pueden ser clientes permanentes, habremos entendido el verdadero sentido de la oferta, y descubriremos que podemos ser protagonistas positivos dentro de la sociedad.

Al final de cada día la gran pregunta de un buen vendedor debe ser: "¿Cuánto logré vender hoy pensando en el futuro?" Porque el futuro se construye en el presente, es decir, las ventas del futuro se logran cuando tratamos al cliente como PERSONA hoy.

Trabajo, ventas y vida familiar

La dualidad, o aparente contradicción que en ocasiones se puede generar entre estas dos actividades tan importantes en la vida humana: Trabajo y Familia, me sugiere proponer una pequeña reflexión en torno al tema. La pregunta sobre qué va primero, si el trabajo para sostener a la familia, o la familia para darle sentido al trabajo, genera muchas veces respuestas confusas o no del todo precisas, que pueden llegar a lastimar, si no es que a fracturar, a la familia que es, sin duda, el núcleo más valioso de cualquier sociedad.

No es raro escuchar a profesionistas decir que todo lo que hacen lo hacen por su familia: "por ella" trabajan más de doce horas al día, "por ella" sacrifican el tiempo de estar con los hijos, "por ella" buscan tener mayor bienestar aunque sea en menoscabo de la convivencia familiar, "por ella" no ven ni platican con su pareja, porque el cansancio se vuelve más grande que el amor.

El trabajo cumple su sentido más profundo no cuando genera riqueza y abundancia material, sino cuando aporta satisfacción, realización y plenitud a las personas. La adicción emocional que define al "*workaholic*", generalmente no es provocada por el disfrute del trabajo, sino por la ambición de acumular más dinero y sentir el embriagante sabor del poder.

Es una ironía de la vida trabajar por y para la familia, sacrificando las necesidades básicas, como jugar con los hijos, convivir en actividades comunes, dialogar en pareja, divertirse juntos, etc.

En la actualidad, la actividad laboral suele abarcar más del treinta por ciento de nuestro tiempo. Hoy, el tradicional esquema de la "semana inglesa", logrado por los sindicatos después de la revolución industrial, es, en muchos casos, un esquema utópico que ha quedado fuera de uso.

El hombre ha perdido el sentido de la vida y con ello el sentido del trabajo, por eso lo ha puesto por encima de todo; sin embargo, el trabajo debe estar al servicio de la vida, la salud y la familia; y no la salud, la vida y la familia al servicio del trabajo.

Con esto, no quiero devaluar o desestimar la importancia del trabajo, sino sólo sugerir que es necesario acomodarlo donde tiene que ir. **El gran reto es alcanzar una dinámica sana donde salud, familia y trabajo estén en armonía y equilibrio.**

Capítulo 2

El secreto de las ventas:
Comunicación,
comunicación,
comunicación.

La importancia de causar una Buena Primera Impresión.

"Sólo tenemos una oportunidad para causar una Buena Primera Impresión (BPI)."

Con seguridad, hemos escuchado esta frase más de una vez, porque es clave cuando se pretenden lograr ventas exitosas. Sin embargo, "la primera impresión" no es sólo un tema presencial programado; no se trata de memorizar un libreto de teatro o el guion de una película. **La primera impresión es mucho más que una simple actuación o una afectada pose de amabilidad y buena vibra.**

Si afirmo que debemos estar preparados para dar una buena primera impresión en todo momento, significa que ésta debe convertirse en un estilo de vida, en una forma de ser, porque no sabemos cuándo, cómo o dónde nos encontraremos con un cliente real o potencial. Sí, estoy insinuando que **la verdadera y efectiva primera impresión, es una cuestión de congruencia y autenticidad de vida.**

Los trabajos que desempeñé antes de comenzar mi carrera como Agente de Seguros, no requerían una vestimenta formal, así que no me preocupaba mucho por cómo me tenía que vestir ni qué impresión podría causar en los demás.

Cuando comencé mi capacitación en el área de seguros, recuerdo que comentaban con frecuencia que *"Para ser hay que parecer"*, y sugerían que vistiéramos de manera formal.

Una de mis primeras citas en el mundo de los seguros patrimoniales me la dio Daniel, un buen amigo. Cuando llegué a su oficina y me recibió amablemente, noté que vestía un pantalón elegante; con la confianza de nuestra amistad me atreví a preguntarle:

—Oye, Daniel, ¿dónde compraste ese pantalón?

—¿Te gustó? Pues no lo vas a creer... El fin de semana fui a un "Club de Precios" y ahí los encontré. Son italianos y el precio es inmejorable.

—¡Gracias por la recomendación! —cerré mi "excursus" y continué con la propuesta que quería presentarle.

El fin de semana siguiente fui al lugar que me recomendó Daniel y compré tres pantalones italianos que me gustaron. A partir de ese día comencé a vestir más formal, me propuse dar a mis clientes una buena primera impresión, de seriedad, profesionalismo y formalidad. Por supuesto, no se hicieron esperar las bromas de mis amigos más cercanos, respecto a mi nueva apariencia. Sin embargo, estaba tan convencido de aquel cambio que aguanté las bromas sin dudar un instante de la opción que tomé. Con el paso del tiempo fui comprobando que fue una buena decisión y lo notaba, sobre todo, cuando debía visitar a personas que me habían recomendado y a quienes jamás había visto; fue en esas ocasiones en las que me convencí claramente de que sólo tenemos una oportunidad para causar una "Buena Primera Impresión".

Las llamadas telefónicas

Con gran frecuencia el primer contacto con el cliente se da a través de una conversación telefónica, en la que ambas partes imaginan a la otra persona según su tono de voz y el tipo de expresiones que utiliza. El tono de voz puede resultar relativo porque si el vendedor, por ejemplo, es un fumador empedernido, es probable que tenga una voz grave, que causará una buena impresión. No sucede lo mismo con las expresiones, porque estas sugieren ciertas características de la persona. Si el vendedor utiliza un lenguaje vulgar y sus expresiones son groseras, aunque la voz sea dulce la sensación será muy desagradable para quien escucha al otro lado del auricular.

Vale la pena estar preparados mentalmente para proyectar una buena primera impresión a través del teléfono. No es difícil, sólo se requiere un poco de atención y de esfuerzo.

Hay que tener muy claro lo que vamos a decir, en el caso de que nuestra llamada la conteste el cliente personalmente, su asistente, o sólo escuchemos un mensaje grabado. **Saber dejar un mensaje claro y atractivo en el molesto e impersonal contestador automático es una gran oportunidad para impresionar de manera positiva a nuestro cliente potencial.**

Las llamadas telefónicas no son el medio adecuado para dar una explicación completa de nuestro producto, pues por muy amables y cordiales que nos mostremos siempre serán impersonales y distantes. Las llamadas largas, si no son de gran interés, resultarán molestas y provocarán una actitud de rechazo en nuestro cliente. Considerando esto, las preguntas de interés personal: *"¿Cómo ha estado?, ¿cómo va su negocio?"*, etc., deberán ser genéricas y muy breves. Otras que implican mayor confianza como: *"¿Qué tal está su familia?"*, deben hacerse únicamente a aquellos clientes con los que hayamos logrado una cierta cercanía y grado de amistad. Cuando hacemos preguntas más privadas, aunque, por un gesto de amabilidad, el cliente conteste: *"Muy bien, ¡gracias!"*, puede ser que en el fondo piense: *"Y a ti, ¿qué te importa cómo está mi familia?".* Es importante seleccionar muy bien las preguntas telefónicas para evitar la molestia del cliente y hacerle sentir que estamos invadiendo su espacio personal. **Las llamadas telefónicas deben ser precisas, concretas, y han de usarse sólo para confirmar una cita o hacer un acuerdo de seguimiento en el proceso de la venta.**

Cuando hagamos una llamada telefónica a un cliente, debemos estar bien vestidos y mantener una buena postura física. Por increíble que parezca, la voz transmite mucha información que no se ve, pero que la persona del otro lado del auricular puede percibir. Es muy proable que nos haya sucedido alguna vez que al estar hablando por teléfono nos sorprendieran con preguntas como: "¿Estás acostado?", o "¿estás viendo la televisión o la computadora?". No es que el interlocutor haya sido un adivino o que tuviera una cámara oculta; es un hecho que nuestra voz está conectada con nuestro cerebro, nuestros estados anímicos y nuestras posiciones físicas. Si nuestro ánimo es de cansancio, aburrimiento o desgana, o si estamos distraídos con otro asunto, el cliente lo va a percibir y seguramente no querrá volver a hablar con nosotros; resulta muy desagradable tener la sensación de que la persona al otro lado de la bocina tiene pereza de hablar con nosotros o simplemente no expresa suficiente interés.

El interés se puede expresar y generar incluso en caso de utilizar el buzón de voz para recibir llamadas; en este caso también es importante dar una buena primera impresión en el saludo que dejemos grabado, que debe ser lo suficientemente original y diferente como para convencer a la gente que no le gusta usar el buzón de dejar un mensaje. Recuerdo a una vendedora que viajó con sus hijos y dejó un saludo en su buzón de voz diciendo: "Hola, estoy secuestrada por un par de hijos y no puedo responder a su llamada, pero apenas sea liberada me comunicaré con usted". Cierto, hay que tratar de evitar el buzón pero, si es necesario usarlo, se debe buscar que el cliente se sienta a gusto al oír la grabación; para lograrlo, el mensaje debe ser poderoso en el sentido de que ha de inspirar confianza y seguridad en quien lo escucha.

**La pregunta fundamental es:
¿estoy preparado en caso de que mi primera
impresión sea verbal?**

El encuentro personal

En México, mi país, cuando recibimos algo que deseamos mucho decimos la frase: "De eso pido mi limosna";
nunca mejor aplicada que cuando el cliente nos da la
oportunidad de un encuentro personal, pues no hay un
método más eficaz en el mundo de las ventas. Es nuestra oportunidad de oro, por ello la primera actitud que
debemos mostrar hacia el cliente es de agradecimiento
por habernos abierto un espacio de su tiempo, por reci-
birnos y, sobre todo, por brindarnos su atención para
escuchar nuestra propuesta.

Para esta segunda opción también debemos estar
preparados, porque el encuentro personal normalmente
se dará cuando el cliente, no nosotros, decida; él fijará la
hora y el lugar que le convengan. **Somos los vendedores quienes debemos mostrar flexibilidad y adaptación** en este tipo de situaciones; es a partir de aquí que
se comienza a dar una primera buena impresión. La
adaptación a sus tiempos y circunstancias muestra claramente nuestro interés y respeto hacia él. Si un cliente propone un par de opciones sobre el horario y el lugar
para el encuentro, sería muy lamentable que quien
pusiera trabas y complicara la logística, fuese el vendedor; si así sucede, lo más seguro es que el cliente desista,
pues pensará que no tiene ninguna necesidad de adaptar

sus actividades a los horarios de alguien que quiere venderle algo.

No obstante, flexibilidad y disposición no significan estar (totalmente) a las órdenes del cliente en cuanto a la hora, lugar y forma de las citas. Contrario a lo que podría creerse, también esta actitud, un tanto servil, causa mala impresión: el cliente creerá que estamos desesperados y por eso aceptamos todo tipo de condiciones. Un vendedor "machacón" o demasiado insistente, provoca una pésima impresión y sensación. La actitud de servicio, en realidad, consiste en saber hacer propuestas de horarios, lugares y formas para hacer negocios. El vendedor puede y debe hacer una propuesta para la coincidencia; por ejemplo, no se debe tener miedo a ofrecer la propia oficina para tratar el asunto; si el cliente dice que no, será otro tema, pero al menos se le ofrecen diferentes opciones. **Más que con una aceptación pasiva y servil, la flexibilidad y la disposición se demuestran con la capacidad para proponer varias opciones y lograr un encuentro cómodo y agradable con el cliente.** El vendedor debe ser servicial, no servil, para evitar que las decisiones o propuestas de un cliente alteren su vida privada, la dinámica laboral o incluso los principios y valores en los que se cree. La flexibilidad se logra cuando se hace un esfuerzo de adaptación, no de sumisión, pues ésta última rompe los sanos esquemas de cualquier relación humana.

Sobra decir que para ese primer encuentro personal la presentación exterior, tanto en el vestir como en el arreglo personal, debe ser impecable; impecable significa que debemos ir vestidos de acuerdo con las condiciones del lugar y el tipo de cliente. Si la oficina que visitaremos está en un área de construcción porque el cliente es arquitecto, daremos una mala impresión si llegamos con un traje negro recién planchado, corbata de marca y pañuelo en el bolsillo; por supuesto, no vamos a ir vestidos como si fuéramos a poner ladrillos, pero ayudará más optar por un estilo casual, limpio y bien planchado. **Estar impecables en el vestir consiste en el arte de saber adaptar nuestra presentación a tiempos y lugares distintos; no se refiere sólo a vestir ropa limpia, elegante y, quizá, de marca.**

Por otra parte, **el hábito de presentarnos de manera impecable nos protege ante cualquier encuentro imprevisto con clientes conocidos o potenciales, con los que podemos coincidir en cualquier lugar y a cualquier hora.** Si un día, por ejemplo, tenemos que salir de madrugada a la farmacia para comprar una medicina, debemos cuidar cómo vamos vestidos pues no sabemos si encontraremos a alguien conocido. Si salimos en pijama, con pantuflas y las marcas de la almohada en el pelo, tal vez podamos decepcionar a algún cliente; no es que tengamos que peinarnos y ponernos el traje, pero sí salir con ropa deportiva y tal vez una gorra que cubra el desorden del pelo.

La frase "casual no es lo mismo que en fachas", adquiere un sentido especial cuando hablamos de gente que se dedica a las ventas. ¿Por qué un vendedor debe cuidar siempre su imagen y la primera impresión que ofrece a los demás? Porque **para un vendedor de vocación, toda persona es un cliente potencial al que debe dar una buena impresión en cualquier lugar, momento o circunstancia.**

Debido a que tengo que viajar en avión con cierta frecuencia, no es raro que en los aeropuertos vea a personas que viajan con una vestimenta, desde mi punto de vista, inapropiada. Las excusas sobran, por supuesto: "voy de viaje y tengo que ir cómodo porque será largo", "no voy a una fiesta, así que no tengo que quedar bien con nadie", etc. Cuando veo a este tipo de personas siempre me pregunto: ¿será que vestirse de manera descuidada es más cómodo que vestir con propiedad? Mi respuesta es inmediata: La comodidad no está peleada con la elegancia, incluso cuando la ropa sea casual e informal.

La verdad es que en el mundo de las ventas no existe el espacio para las "fachas" en el vestir o en el arreglo personal. Imaginemos que en ese viaje largo, para el cual nos vestimos con harapos en busca de una supuesta comodidad, coincidimos con aquella persona a la que hemos estado buscando y "persiguiendo" durante meses; o que encontramos a un reconocido empresario a quien habíamos considerado como cliente probable, ¿osaríamos presentarnos para ofrecerle nuestro producto o nuestros servicios? ¿Creería esa persona que nuestra propuesta es seria? ¿Le transmitiríamos confianza, formalidad y profesionalismo? O si resulta que nos encontramos a nuestro cliente estrella, ¿podríamos mostrarle sin reparo nuestra desaliñada imagen de "comodidad" y "relajamiento"?

Por supuesto, esto no significa que tengamos que hacer un viaje largo enfundados en un incómodo traje; resultaría realmente ridículo, ya que existen maneras muy sencillas y prácticas para viajar cómodos, casuales y llegar a nuestro destino formales y elegantes, llevando aparte una pequeña maleta con ropa para cambiarnos cuando sea necesario. Puede sonar exagerado, pero si realmente estamos comprometidos con las ventas, tenemos que cuidar hasta los detalles más pequeños; como bien dice el refrán, "las oportunidades las pintan calvas", por lo tanto no debemos dejarlas ir cuando se presenten.

Vestir "fachosamente" o no atender el arreglo y la higiene personal, más allá de cuestiones estéticas, es signo inequívoco de descuido, dejadez y abandono.

Durante el Mundial de Futbol que se celebró en Brasil, en 2014, en Guadalajara era común que las familias o los amigos se dieran cita en algún restaurante para ver los partidos más importantes.

Uno de los partidos de cuartos de final se disputó en sábado. Yo estaba instalado cómodamente en mi casa acompañado de mi esposa y mis hijos (cuando digo "cómodamente" me refiero a que casi seguíamos en pijama). Como era fin de semana, decidimos pedir comida. Llamé a un restaurante italiano que todos disfrutamos mucho, pero el inconveniente fue que no tenían servicio a domicilio; resolví el asunto acordando una hora para recoger la comida. Unos minutos antes de la hora programada me enfundé un pantalón deportivo, una camiseta informal y me calcé mis chanclas preferidas, sin siquiera tomarme la molestia de pasarme un peine por la cabeza.

Al llegar al restaurante, descubrí que estaba a reventar de clientes; mi primer pensamiento fue: *¡Qué bueno que pedí la comida para llevar a casa!* Pero instantes después me sentí muy incómodo, al darme cuenta de que muchos de los comensales eran personas conocidas y otros eran clientes de mi despacho. El bochorno me invadió, buscaba esconderme a toda costa, pues lo último que deseaba es que me vieran en aquella "cómoda" facha.

Me pasó por la mente la idea de regresar a casa y decirle a alguien más que recogiera la comida, pero ya estaba ahí así que insté a la señorita que me atendió para que me trajera el pedido cuanto antes, pagué sin revisar la cuenta y, comida en mano, corrí a refugiarme en mi coche con la zozobra de haber sido descubierto por algún conocido.

Confieso que fue un momento muy incómodo, totalmente innecesario, que me dejó una enseñanza importante: **ser vendedor es un estilo de vida; siempre debemos estar preparados para cualquier situación o contingencia.**

Debemos estar siempre en condición de responder positivamente a la pregunta: "Si nuestra primera impresión es presencial, ¿estamos preparados para causar la mejor de las impresiones?

La Comunicación en las ventas

La comunicación humana es la más perfecta que existe y, al mismo tiempo, la más compleja. Estamos hechos para comunicar desde el mismo momento en que fuimos concebidos por nuestra madre; nuestro primer y fundamental mensaje fue y sigue siendo: "Aquí estoy". A partir de ahí se estableció una relación y comunicación permanente con nuestra progenitora y, posteriormente, con el mundo exterior.

Esto significa que toda persona, con su sola presencia, comunica algo. Cuando llegamos al banco y hay una larga fila, nadie tiene que decirnos que debemos ponernos al final de la misma, la formación de la gente nos manda un mensaje claro: "estamos esperando para ser atendidos y llegamos antes que tú".

Todo el tiempo estamos comunicando algo y enviando mensajes a los demás. Desde la forma de vestir, hasta la manera de caminar por la calle y dirigirnos a los demás comunica algo de nosotros, revela una pequeña faceta de nuestra personalidad.

Existe un principio básico: "Las ventas se concretan a través de una excelente comunicación". Los clientes no compran por compasión sino por convicción. Así como el principio para poner un local comercial es: "Ubicación, ubicación, ubicación" en las ventas este principio se traduce en: "Comunicación, comunicación, comunicación". Es evidente que si algo debemos aprender muy bien los vendedores es a comunicarnos.

El lenguaje y la apariencia personal

Los humanos nos comunicamos, básicamente, de dos maneras: el lenguaje corporal, que corresponde a nuestra apariencia exterior, y el verbal, que son nuestras palabras o escritos. Se puede decir que alcanzamos un buen nivel de comunicación cuando existe congruencia entre ambas expresiones.

La congruencia entre el lenguaje corporal (apariencia) y el verbal (palabras), genera confianza y serenidad en las relaciones. Resulta desconcertante estar con una persona elegantemente vestida, que al hablar se exprese de modo vulgar y soez; nos resultará muy incómoda y no nos inspirará confianza. Menos desconcertante, pero aun así chocante, nos resultará escuchar a una persona que al hablar se expresa muy bien, pero que está "desparramada" en una silla, viste de manera descuidada y expele un olor desagradable; su apariencia distraerá por completo nuestra atención y no escucharemos lo que nos está diciendo. **En el buen vendedor las palabras deben ser acordes con su pensamiento y su lenguaje corporal.**

Presento algunos aspectos generales de la comunicación humana, como un elemento que puede ayudarnos a entender su trascendental importancia.

Características de la comunicación

Para lograr una excelente comunicación, se sugieren los siguientes puntos:

- **Contacto Visual** Bien dicen que "los ojos son las ventanas del alma", pues con mucha frecuencia expresan más que las palabras. Con la mirada se puede reforzar lo que se está diciendo y, al mismo tiempo, es posible provocar confianza o duda en nuestro interlocutor. Ver a la persona con la que se está hablando es un gesto de elemental atención y respeto, pero no se la debe mirar fijamente a los ojos porque seguramente la incomodaremos. Cuando alguien rehúye nuestra mirada, fija los ojos en el suelo o en el techo, o se queda observando algo o a alguien que está pasando, el mensaje que nos envía es de desinterés y desatención. Cuando se está con un cliente nuestros ojos deben estar concentrados en él, en sus gestos, en sus palabras, en sus movimientos, porque todas esas expresiones son mensajes que nos está enviando.

- **Postura Corporal** Nuestra manera de estar sentados mientras hablamos con un cliente manifiesta el profesionalismo, la seriedad y la comodidad con la que lo estamos atendiendo. Tanto las posturas excesivamente relajadas como las exageradamente rígidas, envían un mal mensaje al cliente. Si nos sentamos como si estuviéramos "echados" en la cama viendo televisión, el mensaje es de desinterés y falta de respeto; si, por el contrario, nuestra postura es rígida y acartonada, no inspiraremos confianza ni comodidad a nuestro interlocutor. Estar con el cliente no debe ser algo pesado o incómodo, sino un momento de bienestar, de convivencia agradable. Los vendedores, más que nadie, debemos disfrutar nuestro trabajo.

• **Tono de voz** Aunque pueda parecer algo superficial, el tono y el volumen de voz con el que hablamos puede determinar la concreción de una venta. El tono debe ser natural y amable, sin fingir nada. El volumen se determina según el lugar y el ruido que pueda haber alrededor; un volumen muy bajo provoca preguntas constantes y no expresa claramente el mensaje, mientras que si es demasiado alto resultará muy incómodo para nuestro interlocutor quien, seguramente, tratará de terminar la conversación cuanto antes. *"In medio virtus"* (la virtud está en el punto medio) decían los antiguos; por lo tanto, lo ideal será hablar con tono modulado, volumen moderado y vocalizando correctamente.

- **Claridad del mensaje** A pesar de que haya una buena conversación, si el mensaje no se transmite con claridad, no se habrá logrado el objetivo de la comunicación. Para lograr comunicar un mensaje claro sugiero los siguientes aspectos a considerar:

Tener bien estructuradas las ideas que deseamos transmitir. Hacer una especie de guion para cada tipo de encuentro y aprenderlo de memoria, a fin de seguirlo mentalmente durante la entrevista. Es muy diferente tratar un tema de ventas durante una cita en la que se dispone de 20 o 30 minutos, donde hay que ir directamente al punto central, que hacerlo durante una comida, en la que el tema debe abordarse de manera muy distinta.

Al terminar la explicación de cada concepto, es conveniente confirmar con el cliente si quedó claro el punto, para pasar al siguiente tema. Se pueden usar expresiones como: "Tal como le acabo de decir (entonces repetimos sucintamente los puntos relevantes)..." O también: "Entiendo que lo que usted me está diciendo es..."

Para que el mensaje sea eficaz no es suficiente tener ideas claras, es necesario contar con un acervo rico en nuestro vocabulario, de manera que usemos las palabras adecuadas y precisas para transmitir las ideas. Cuando el vocabulario es pobre, las ideas siempre quedan truncas y/o confusas. La manera de adquirir una riqueza variada de palabras es leyendo literatura de buen nivel, no sólo libros técnicos o historietas.

- **Congruencia** Esta característica de la comunicación tiene como base la honestidad de la persona. Quien no es honesto no puede ser congruente. La congruencia consiste en que el vendedor conecte sus valores y principios con su profesión, es decir, que no deje que la ambición traicione la honradez de sus acciones; lo más valioso de un vendedor es, sin duda alguna, la honradez en sus ventas. En este sentido no debemos inventar cualidades a nuestros productos, o beneficios a nuestros servicios que realmente no existen. El engaño y la falta de congruencia, son los peores enemigos de las ventas a largo plazo y son, irónicamente, los fatídicos aliados de las ventas esporádicas y truculentas.

- **Escuchar con asertividad** Las suposiciones son el resultado de la falta de asertividad al escuchar. Si estamos atentos a lo que el cliente nos está diciendo no debería haber problemas de comunicación; sin embargo, siempre pueden surgir dudas o preguntas para ahondar o aclarar conceptos. Si al escuchar nuestra actitud es asertiva, no tendremos problema alguno en preguntar, pedir que se aclare o se repita aquello que no hayamos entendido del todo, o precisar algo que pueda malinterpretarse. En el giro profesional de la venta de servicios, esta cualidad de la comunicación es fundamental: "para hablar hay que saber escuchar". Escuchar con asertividad significa concentrar nuestra atención en las necesidades e inquietudes del cliente, no en los argumentos que debemos esgrimir para convencerlo de que debe comprar. **El mejor argumento para vender no son las bondades de nuestro producto o servicio, sino el interés, los deseos y las necesidades del cliente.** La conclusión es evidente: debemos identificar la necesidad del cliente para ofrecerle la satisfacción adecuada, si hacemos esto la venta será exitosa.

- **Respeto por uno mismo** Se trata de un elemento que es valioso no sólo para cerrar una venta, sino para la vida misma. Hablar de respeto a uno mismo es hablar de autoestima, es haber encontrado un autoreconocimiento equilibrado, que nos permita descubrir el valor de los clientes no por lo que compren, sino por el hecho de ser personas que merecen nuestro respeto.

- **Respetar a los demás** Del punto anterior se deriva el respeto a los demás. Quien no respeta a los demás es porque no se respeta a sí mismo. Cuando se habla mal de otros, es porque existe una gran inseguridad interior; utilizar la reprobable estrategia de criticar otros productos o a otras empresas, para resaltar las bondades de lo nuestro significa, paradójicamente, denostar y degradar nuestro producto o servicio. **Cuando lo que vendemos es bueno por sus características, no es necesario descalificar a la competencia.** Un producto o servicio demuestra su bondad y calidad por sí mismo y no en relación a la poca calidad de los demás.

La era de la comunicación

Si hay algo que distingue a nuestro tiempo es, sin duda, la impresionante evolución que han tenido los medios de comunicación en los últimos años. Al hacer un breve recorrido histórico podremos comprobar los grandes avances de este fenómeno social.

Se puede afirmar que la comunicación humana comenzó su carrera imparable de expansión y rapidez cuando Johannes Gutenberg inventó la imprenta en

1450. La impresión de libros facilitó la extensión del conocimiento y también de la comunicación.

A partir de esta gran invención, el primer periódico impreso apareció en Alemania en 1609; era una hoja en la que se narraban noticias del extranjero. Después, en Londres, se incluyeron las noticias del Parlamento, y con ello se establecieron las bases del periódico tal como lo conocemos hoy.

Un gran medio de comunicación, que sería el antecesor de los medios electrónicos, fue el telégrafo, cuyo invento se atribuye oficialmente a Samuel Morsem quienen 1840 patentó su telégrafo eléctrico con el sistema de electroimanes.

Así comenzó la era de la comunicación "electrónica". Luego vino el invento del teléfono. en 1877, atribuido a Alexander G. Bell, hasta que en el año 2002 el Congreso de los Estados Unidos reconoció oficialmente a Antonio Meucci como su auténtico inventor (quien, sin duda, ha de "retorcerse" en su tumba al darse cuenta de que el aparato que inventó para que su mujer enferma pudiera hablar con sus familiares, hoy en día se usa para todo menos para hablar).

La Radio llegó en 1902 con el genio de Guillermo Marconi; la televisión la ideó John Logie Baird en 1926 y así, hasta la década de los años noventa del siglo XX, cuando se inventó la "www" (*World Wide Web*), mejor conocida como internet. Para completar el concepto hay que decir que lo actual de la comunicación en el siglo XXI son las redes sociales, con sus grandes ventajas, sus innumerables beneficios y comodidades pero, también, con sus puntos obscuros y sus graves peligros. Una de las características más impresionantes de la comunicación humana moderna es, sin duda, la velocidad que ha alcanzado. Si enviamos un mensaje a través del teléfono celular a un grupo de amigos, podremos constatar que en cuestión de minutos, si no es que segundos, van y vienen infinidad de respuestas y comentarios a nuestro mensaje, con la gran ventaja de que esta comunicación no conoce fronteras y puede llegar al otro lado del mundo en sólo un segundo.

Esto nos permite constatar que vivimos en el mundo de la "inmediatez", donde todo se adquiere de manera fácil, rápida y cómoda, quizás por ello los niños modernos también quieren que sus padres satisfagan todas sus necesidades, deseos y caprichos con la misma facilidad, rapidez y comodidad de las redes sociales. Sin embargo, esto es tema de otro libro.

Las generaciones actuales se mueven, viven y respiran a través de las redes sociales. Resulta imposible sustraerse a esta inercia sin que nos anclemos en esquemas obsoletos y poco eficaces. En las ventas hay que estar siempre a la vanguardia, no podemos permanecer estáticos ni mostrarnos apáticos o escépticos ante este fenómeno, si pretendemos comunicarnos con las nuevas generaciones.

Comunicación constante, sinónimo de interés personal

Retomando el triple principio básico de las ventas: "Comunicación, comunicación, comunicación", es evidente que esta debe ser perseverante y permanente. **En el mundo de las ventas el 20% de la eficacia es el conocimiento del producto y el 80% la buena comunicación, constante y asertiva.** En ocasiones cometemos el error de tener mucha, y muy buena comunicación, en el proceso de "acercamiento" con un prospecto, pero una vez que lo convertimos en cliente, la percepción o sensación que provocamos en él es que lo abandonamos y lo dejamos en el olvido porque ya logramos que comprara algo.

Este es el punto clave de la comunicación que debemos enfatizar con nuestros clientes, ya que si quedan satisfechos con nuestro trato y servicio, se convertirán en nuestros mejores promotores, pues hablarán de lo bien que se sienten, del trato agradable que les brindamos y, seguramente, nos recomendarán con la gente que conocen. La promoción de un cliente puede ser más pequeña o delimitada que la publicidad masiva, pero definitivamente es cien por ciento más efectiva. **Ganar un cliente y mantenerlo satisfecho es garantizar al menos uno más en nuestra lista,** sea porque nos recomendó, porque él vuelva a comprar nuestros productos, o porque solicite de nuevo nuestros servicios. Con todo el respeto que merecen nuestros clientes y bajo la óptica del sentido humano en las ventas, cuidar al cliente es proteger, de manera indirecta, la gallina de los huevos de oro.

Cabe recalcar que la frecuencia y permanencia de la comunicación la define el cliente. En lo que se refiere a las llamadas relativas al negocio que estemos tratando, debemos preguntar cuándo quiere que nos comuniquemos con él y con cuánta frecuencia; de esta manera se eliminan los malentendidos o reclamos de cualquier tipo: si cumplimos no nos reprochará por informalidad y si, por casualidad mostrara molestia por nuestra llamada, podremos explicar que estamos cumpliendo con nuestro compromiso. El cumplimiento de acuerdos elimina reclamos, pero también permite al cliente hacer ajustes a dichos acuerdos, en caso de que le esté resultando incómoda o inoportuna nuestra comunicación. Respecto a las llamadas espontáneas, aquéllas que son de tipo personal, como llamar simplemente para saludar o para tratar algún otro tema que no tenga relación con el negocio, se deben hacer únicamente si existe la suficiente confianza con el cliente. Estas llamadas no suelen tener un horario determinado, por ello es importante conocer un poco mejor a la persona, para no interferir con sus actividades y saber cuándo es oportuno "sorprenderla" con una llamada inesperada; las sorpresas son buenas siempre y cuando resulten agradables. Este tipo de llamadas se pueden hacer cuando se desee, pero siendo muy conscientes de que pueden no contestarnos.

Por último, en cuanto a las llamadas no programadas, que no son de tipo personal, sólo se justifican si se requiere una atención inmediata para consultar o resolver algún asunto urgente del negocio que se trae entre manos. No debería haber llamadas "urgentes" si no hay asuntos graves que atender.

El "*Speech* del elevador"

El "*Speech* del elevador", es una nueva técnica para lograr impactar y "venderse" bien en breve tiempo; si bien se aplica ampliamente en el área de negocios, puede ser utilizada en otros aspectos de la vida social o profesional, tales como una entrevista laboral, la presentación de un producto, la aprobación de un proyecto o una reunión ordinaria de trabajo.

Consiste en **poder explicar con 25 o 40 palabras creativas, concisas y precisas, aquello a lo que nos dedicamos y los beneficios de nuestro trabajo.** Tiene gran utilidad práctica en las más variadas situaciones.

Me parece vital contar con un *"Speach* del elevador", pues nunca sabemos en qué momento tenemos que decirle a un posible cliente qué es lo que hacemos o en qué trabajamos. Ahora bien, si pretendemos que nuestros familiares sean también nuestros promotores, ellos deberían tener ese *"speach"* ya aprendido. Por ejemplo, si alguien le pregunta a tu cónyuge o a tus hijos a qué te dedicas, resulta muy conveniente que en menos de 40 palabras puedan explicar en qué consiste nuestro trabajo, qué beneficios ofrece y provocar en el interlocutor curiosidad, inquietud y deseo de contactarnos, para conocer más acerca de nuestro producto o servicio. El *"speach* del elevador", bien manejado, es un poderoso promotor de ventas, por tanto no hay que desperdiciarlo.

El *"Speach* del elevador" nos ayudará a tener una comunicación breve y asertiva con nuestros clientes potenciales.

Capítulo 3

Estrategias y Plan de Trabajo

La prospección

La prospección consiste en saber visualizar, preparar y generar oportunidades para atraer a nuevos clientes. He visto a muchos vendedores abandonar la carrera por falta de prospectos. Por ello me permito, a continuación, compartir algunas ideas sobre cómo lograr una buena prospección.

Sugerencias para obtener referidos

· <u>Ver y dejarse ver: clubes, reuniones, convenciones, conferencias, conciertos, exposiciones, etc.</u>
En ocasiones nos da "flojera" asistir a eventos sociales, sin valorar adecuadamente la gran oportunidad

que representan para nuestras ventas. No perdamos de vista que nuestro negocio es de personas y que, cada vez que nos presentamos en un evento social, tenemos la ocasión de conocer gente nueva, la cual se convierte en automático en un prospecto y, eventualmente, en un cliente. Ver y dejarse ver es una estrategia muy eficaz para tener prospección.

- Escribir *"Blogs"* o artículos relacionados a tu producto o servicio
Esto, además de obligarnos a estar mejor informados, nos posiciona como expertos en nuestro tema. Las personas que lean nuestro blog comentarán acerca de su contenido y, por consiguiente, acerca del autor, con lo cual estaremos consiguiendo publicidad gratuita sobre nuestro producto y/o servicio.

- Participar en Paneles, Conferencias o Cursos relacionados con lo que vendemos
Al igual que los blogs, si vencemos el miedo de participar en paneles o en conferencias, podremos mostrarnos como expertos en el tema, de manera que nos posicionaremos entre nuestros posibles compradores y, además, tendremos un buen aval profesional de ventas al momento de entrevistarnos con algún cliente.

- Reciprocidad. Da referidos a tus clientes
En general soy una persona a la que le gusta ayudar a los demás. Cuando me topo con algún amigo que me habla de su negocio, sin necesidad de que me lo pida expresamente, suelo darle una lista de personas que, considero, podrían ser sus clientes. Curiosamente, cuando ellos se topan luego con alguna persona que pudiera necesitar de mis productos y/o servicios, me los refieren de manera automática. Esto se llama reciprocidad y resulta muy satisfactorio constatar cómo el ayudar a los demás es una manera muy eficaz de ayudarnos a nosotros mismos.

- Club de pistas
Esta actividad consiste en formar un grupo de profesionistas independientes, con diferente actividad profesional, que se reúne de manera periódica. En cada reunión, uno de los miembros del grupo expone su negocio de forma detallada y al final de la exposición cada participante entrega al expositor una lista de aquellos prospectos que consideren aptos para su negocio.

Promoción y publicidad

Organización de eventos

En el ámbito de las ventas todo mundo organiza eventos, la clave es que los nuestros sean originales, diferentes a la mayoría y, sobre todo, que tengan como objetivo fundamental que los clientes disfruten a plenitud durante el tiempo que pasen con nosotros. Quien asiste a un evento gratuito sabe *a priori* que a partir de que cruza la puerta de entrada se convierte en potencial comprador y que, en un momento determinado, alguien le invitará a adquirir uno o varios productos.

Entre los eventos que se pueden recomendar, por su eficaz impacto en la sensibilidad del cliente, están los siguientes:

* <u>Torneo de golf</u> Se recomienda destinar parte del presupuesto de "marketing" para organizar uno. El único requisito debe ser que el cliente invite a un amigo. Es fundamental que el torneo sea de primer nivel, por lo que será necesario buscar patrocinadores para hacerlo más redituable.

  Dado que se trata de que los clientes disfruten jugando, no debe hablarse de negocios o comenzar a hacer algún "pitch de ventas" mientras juegan; esto incomodaría a los jugadores y, definitivamente, no estarían dispuestos a comprar nada si los distraemos durante la competencia.

Otro objetivo es que los amigos de nuestros clientes queden impresionados por el evento, de manera que nazca en ellos el deseo de hacer negocios con alguien que trata tan bien a sus invitados. El primer paso con estos clientes potenciales es registrar sus datos a través de la inscripción al torneo; unos días después daremos el segundo paso enviándoles un mensaje de agradecimiento por haber participado en el evento y, al mismo tiempo, poniéndonos a sus órdenes por si llegaran a tener alguna pregunta, curiosidad o interés por nuestros productos y/o servicios. Este tipo de estrategia genera más ventas que aquellas en las que, desde que se están registrando los jugadores, se les hace sentir la fuerza de ventas con propaganda abrumadora, con múltiples folletos incómodos de cargar, o con la repetición machacona de frases comerciales que sugieren un "lavado de cerebro colectivo", que pretende tatuar la marca en la mente de los participantes.

- <u>Cata de vinos</u> Las empresas vinicultoras suelen dar a conocer sus vinos organizando "catas" en las que reúnen a personas con un perfil determinado. Este tipo de reuniones sociales pueden tener dos objetivos: reforzar la relación con los clientes y/o incrementar la lista de referidos. Para organizar una cata es necesario contactar a algún importador o productor de vinos y establecer un acuerdo "ganar-ganar", con el que podrá presentar sus productos a nuestros clientes. No podemos hablar de una cata de vinos dejando fuera la marca, por lo tanto la promoción de los vinos en este caso es totalmente válida.

Una vez hecho el acuerdo con la empresa viticultora, organizamos una cena en la que nosotros aportaremos los alimentos y la empresa ofrecerá sus productos. Respecto a los asistentes se puede convenir que solamente invitemos a nuestros clientes pero, si queremos ser más audaces, acordaremos que la empresa de vinos también invite a los suyos, los cuales se convertirán de inmediato en clientes potenciales para nosotros, y podremos ampliar nuestra base de datos.

Es seguro que los asistentes pasarán un rato muy agradable, saboreando una deliciosa cena y conociendo excelentes vinos sin ningún tipo de compromiso o condición; su boleto de admisión es el hecho de ser clientes reales o probables.

Mencionábamos que este evento puede enfocarse a fortalecer la relación de negocio con los clientes, o a incrementar la base de datos y la probabilidad de aumentar nuestras ventas a futuro. Dependiendo de lo que se busque, el formato puede estar enfocado sólo a nuestros clientes y sus cónyuges, o lo podemos ampliar a un invitado más. En ambos casos, unos días después del evento, al igual que con el torneo de golf, enviaremos una nota de agradecimiento por su participación y nos pondremos a sus órdenes.

•   Cine privado Rentar una sala de cine no es tan caro como podría pensarse. Este evento se debe realizar, de preferencia, con películas que estén por proyectarse, es decir, que sean "premiers". Si sabemos que hay una película con estas características, lo recomendable es comprar en exclusividad una función, y hacer una invitación personalizada y especial a todos nuestros clientes y sus familias.

Esta actividad tendrá un impacto mayor si la organizamos durante el período vacacional, cuando los hijos no tienen que ir al colegio, porque nuestros clientes agradecerán que les ofrezcamos actividades para su familia y, además, estaremos sembrando la semilla para el futuro de nuestra empresa, pues los hijos de nuestros clientes serán, con mucha probabilidad, nuestros clientes del futuro.

- <u>Agencia de viajes</u> Con frecuencia, agencias, cadenas de hoteles y líneas aéreas promueven diferentes destinos del país o del extranjero; en dichas promociones suelen regalar boletos de avión o las noches de hospedaje a los ganadores de un concurso. Si tenemos relación con algunos de estos promotores, podemos aprovechar la fuerza de sus ofertas ayudándoles a organizar el evento. Como en otras situaciones semejantes, nuestra aportación será la lista de clientes, de manera que, sin demasiado gasto ni esfuerzo, les brindaremos la oportunidad de ganar un viaje o una estancia gratis.

La idea clave de la organización de eventos es que nuestros clientes se conviertan en la ocupación más importante de nuestra mentalidad vendedora; lo primordial es el producto o servicio, pero lo trascendental y duradero es el cliente. Por otra parte, despertaremos nuestra imaginación y creatividad para inventar nuevas actividades, y aprenderemos a aprovechar al máximo la inercia de la fuerza de ventas que tienen muchas empresas, al promover y ofertar sus productos. Con esto forjaremos una mentalidad ganadora que se traduzca en: "ganar, haciendo ganar al cliente". Un vendedor que sólo busca el beneficio personal, incluso perjudicando al cliente, demuestra tener una mentalidad poco visionaria y poco profesional.

Cuando hagamos una alianza con otras empresas para organizar eventos de manera conjunta, es importante ser muy cuidadosos y estrictos al momento de seleccionarlas. La alianza con un tercero implica un grado de exposición para nuestros clientes; de alguna manera estamos compartiendo nuestra "cartera" y estamos dando a la empresa aliada la posibilidad de acceder a los datos de nuestra clientela; esto puede resultar muy riesgoso si no estamos atentos al manejo que se haga de dicha información. Los clientes podrían sentirse "traicionados" si nuestros aliados comenzaran a molestarlos, los llamaran por teléfono indebidamente, o hicieran un uso negativo de la información privilegiada que les compartimos. Es necesario que hagamos alianzas con empresas que respeten a nuestros clientes, de la misma manera como lo hacemos nosotros.

En estos casos es indispensable hacer acuerdos muy concretos y precisos sobre el manejo que se dará a esa información privada, pidiendo que se nos informe del uso de la misma. Se sugiere incluso firmar un contrato con estas empresas, en el que se estipulen claramente las reglas y las exigencias sobre el uso de la información de nuestros clientes. Para complementar este proceso y asegurar que no habrá sorpresas desagradables, es necesario solicitar y recibir por escrito su consentimiento para compartir sus datos; se puede añadir el aviso de privacidad para fortalecer su confianza y la tranquilidad de que la información será usada con el debido respeto y discreción.

Lanzamiento de nuevos productos

Cuando se crea un producto o se diseña un nuevo servicio, el reto más grande es posicionarlo en el mercado de manera exitosa; el medio eficaz para lograrlo es idear un lanzamiento espectacular, con el cual los demos a conocer masivamente. Las variantes son muy amplias: se puede dictar una conferencia, o armar un panel con expositores expertos, en el que hablen de temas relacionados con las necesidades de nuestros clientes, y en el que se presente el producto o servicio como la solución ideal. De esta forma, además de promoverlos, estaremos ofreciendo un "plus" al ofrecer información sobre lo que se está moviendo o posicionando en el mercado.

Podemos diseñar el lanzamiento como un evento exclusivo para nuestros clientes y sus invitados, o lo podemos difundir de manera masiva, distinguiendo a nuestros clientes con una invitación que incluya la reservación de un lugar especial en el lugar del evento.

Consentir a los clientes
(los pequeños grandes detalles)

El medidor o termómetro para saber si vemos y tratamos a nuestros clientes como personas y no como simples "símbolos monetarios", es analizar cuánto conocemos de sus gustos, de sus aficiones y de sus preferencias, ya que esto es, precisamente, lo que hace que cada cliente sea diferente a todos los demás. Si no conocemos lo que le gusta leer, cuál es su platillo favorito, qué bebida prefiere o, incluso, qué lugares del mundo le gustaría conocer, nos está faltando un elemento fundamental para imprimirle el sentido humano a nuestras ventas. Esta información se obtiene observando con atención e interés sus gustos y aficiones, a través de preguntas sutiles en el momento oportuno.

Imaginemos, por ejemplo, que vemos a nuestro cliente pedir un café frappé de determinada marca, tamaño mediano, con leche "light" y azúcar mascabado; si en la siguiente visita que le hagamos le llevamos una bebida con estas características, le agradará el detalle y sumaremos puntos a nuestro favor. En otra circunstancia, si sabemos que le gusta determinada bebida enlatada, el día que visite nuestra oficina, será un gran detalle ofrecérsela cuando llegue.

Estos detalles, que son tan sencillos, harán sentir especial a nuestro cliente; a todos nos agrada recibir atenciones. Lo único que se requiere es una actitud fina y educada, que vea al cliente como un ser humano, y no sólo como una "mina de oro". Basta estar al tanto de sus gustos y anotarlos en nuestro celular o en alguna ficha en la oficina. Si somos un tanto distraídos o tenemos una "memoria de teflón", la clave es preguntar de manera espontánea y directa, porque la pregunta es siempre una muestra de interés.

Si hemos decidido invertir en obsequios para nuestros clientes, tratemos que sean inteligentes, es decir, salgamos de lo tradicional y démosles algo que verdaderamente puedan disfrutar. Si es el caso, pensemos en un buen vino de la uva y bodega que le agrade, o quizás lo mejor sea una cena para dos, reservada justamente en el restaurante donde conoció a su cónyuge; incluso pueden ser boletos para ver el partido de su equipo favorito. La idea es darles obsequios *ad hoc* a sus gustos, preferencias y aficiones. Un regalo que se ofrece simplemente para cubrir un trámite no contribuye de manera eficaz a lograr la fuerza de venta que estamos buscando y, tal vez, se convierta en una inversión desperdiciada por onerosa que haya sido.

~~Artículos promocionales diversos~~

El título de esta sección se ha tachado de manera intencional. Hoy en día, los artículos promocionales resultan obsoletos, a menos que se trate de ciertas marcas que se pongan de moda, y que las personas no tengan reparo en exhibir su logotipo.

Cuando una empresa o compañía regala a sus clientes artículos como llaveros, plumas, camisetas, camisas o incluso chamarras con su logotipo o su slogan impreso, lo más seguro es que el cliente los termine utilizando para hacer un regalo o para trabajar en el garaje de su casa, donde nadie lo vea.

Resulta más efectivo obsequiar algo que le agrade pero que no tenga nuestra marca impresa porque entonces sí lo usará y, cada vez que lo haga, recordará que fuimos nosotros los que se lo obsequiamos. **La publicidad más eficaz no es la que se imprime en los artículos promocionales, sino la que se imprime en la mente del cliente, porque lo hemos tratado bien** y le obsequiamos artículos que usará sin sentir vergüenza y que le serán de utilidad.

Plan de trabajo = control personal y seguimiento de ventas

La primera parte del éxito se construye diseñando muy bien el plan de trabajo; la segunda consiste en cumplirlo fielmente y respetar las metas propuestas. Por lo tanto, el éxito se obtiene a través del cumplimiento de un plan de trabajo bien diseñado. Es muy importante contar con uno que garantice los procesos y, sobre todo, que enfoque todas nuestras acciones hacia un mismo objetivo: conocer, comprender, satisfacer, dar seguimiento y acompañar al cliente.

En este sentido me permito proponer algunos elementos que pueden servirnos para realizar el plan de trabajo personal, según el tipo de ventas o servicios que ofrezcamos.

- *Lista de prospectos* Se debe elaborar una lista, general y amplia, de prospectos o posibles clientes. No es una lista selectiva sino incluyente y abierta, donde se puede anotar desde el cliente que ya conocemos hasta el nombre de alguien que nos refirieron. Este elenco, que podemos identificar como nuestra "base de datos", deberá ser lo más amplio posible, y en él registraremos tanto a clientes particulares como a empresas.

En un segundo momento se estructura la lista según cuatro grupos definidos:

- Grupo A: Clientes actuales.
- Grupo B: Clientes muy probables.
- Grupo C: Clientes probables.
- Grupo D: Clientes con los que hay que trabajar bastante.

Se debe empezar a trabajar con el Grupo A y, según se vayan confirmando o descartando los clientes con base en nuestro encuentro de venta con ellos, la selección deberá actualizarse de manera constante, tomando nota de las personas que descartamos, las que permanecerán y, por supuesto, las que nos puedan referir como posibles compradores.

- *Metas de ventas diarias y mensuales* Por lo general, las empresas miden sus ventas de forma mensual, trimestral, semestral o incluso anual. El hecho de que la mayoría de las ofertas surjan a finales del mes, el trimestre, el semestre o el año, responde precisamente a que las empresas y los vendedores nos encontramos lejos de la meta propuesta, y necesitamos incentivar a nuestros posibles compradores para que adquieran nuestros productos. También puede deberse a que esto se convierte en un *modus operandi* de los vendedores y los departamentos de ventas. Se inician los períodos de venta con mucha lentitud, bajo la excusa de que se tuvo un cierre exhaustivo y que un descanso es más que merecido porque, al fin y al cabo, se cuenta con toda una temporada inicial para alcanzar las nuevas metas. Todo esto provoca que seamos poco insistentes con nuestros clientes; pasivos y ausentes. Sucede, sin embargo, que conforme se acerca la fecha límite comenzamos a utilizar todas nuestras armas, echamos "toda la carne al asador", forzamos la máquina y, en ocasiones, presionamos indebidamente a los clientes para alcanzar nuestras metas de ventas.

Para evitar esta carrera desesperada por cubrir las expectativas se recomienda dividir las metas por días o semanas, de manera que podamos medir los logros por etapas más cortas y tengamos conciencia de lo que vamos avanzando; esto nos permitirá también corregir la trayectoria y enderezar el camino, para que no nos sorprendan las prisas y la angustia al final del período.

Es tema conocido que, durante sus trayectos, los aviones se desvían de la ruta marcada gran cantidad de veces; sin embargo, la mayoría de las ocasiones logran recorrer su itinerario en el tiempo señalado. Esto no se debe a que al final de la ruta los pilotos aceleren de más, sino a que durante todo el tiempo del vuelo van haciendo los ajustes pertinentes, incrementando o disminuyendo la velocidad en función de los requerimientos del espacio aéreo. Si los pilotos solamente revisaran su plan de vuelo cuando estuviesen próximos a su destino, rara vez llegarían a tiempo, además de que los últimos minutos del recorrido serían a velocidades de mareo. Sucede lo mismo con los planes de venta, debemos revisar nuestra actividad diariamente y verificar semanalmente nuestro avance, con el fin de identificar si vamos en la ruta correcta para alcanzar nuestros objetivos, o si debemos hacer ajustes y redoblar esfuerzos, de modo que no tengamos que forzar las ventas con promociones o presiones al cliente; de esta manera evitaremos cerrar los períodos realmente agotados y con muy mal sabor de boca.

• _Metas de citas por semana_ Los que nos dedicamos a las ventas necesitamos estar cara a cara con los clientes reales y con los probables de manera constante. En este sentido, debería ser relativamente sencillo calcular a cuántas personas debemos ver en un período determinado de tiempo para alcanzar nuestras metas. Por ejemplo, si en un año vendimos 20 millones de pesos y para lograrlo tuvimos que visitar a 200 personas o empresas, significa que cada una de éstas compró 100,000 pesos en promedio, aun cuando en el grupo habrá quien no haya comprado nada.

Considerando esta información, es evidente que para mantener las ventas el siguiente año tendremos que visitar, al menos, a 200 personas o empresas con características similares a las del año anterior; sin embargo, si queremos incrementar nuestras ventas, será necesario incrementar el número de personas o empresas a las cuales visitar.

Tomando como base que debemos visitar a 200 prospectos y/o clientes, el número de personas o empresas a visitar por semana será de 3.8; pero como es imposible atender a una fracción de cliente, será mejor cerrar la meta en 4 visitas por semana. Si a esto le añadimos el hecho de que no todas las semanas son completas, y que algunas corresponden a períodos vacacionales o a temporadas bajas en ventas, convendrá aumentar el número de visitas a un promedio de 5, o incluso 6 por semana.

- *El avance diario* En ocasiones puede resultar un tanto tedioso, pero formar el hábito de revisar diariamente nuestros avances nos permitirá mantenernos, de manera sencilla y fácil, en el rumbo correcto para alcanzar nuestras metas.

No es lo mismo darnos cuenta, día con día, de que no estamos haciendo lo que nos corresponde y, por lo tanto, tratar de recuperar terreno o corregir el rumbo cuanto antes, que esperar pasivamente a que lleguen los días previos al cierre del período, constatar con angustia que estamos muy lejos de las metas propuestas y vivir la dolorosa experiencia del fracaso. Es mejor sentir levemente cada día la pena del fracaso, que ignorar su presencia y acumularla pesadamente hasta el final. **El secreto está en salir de nuestra zona de confort y vivir en una tensa calma que nos garantice el éxito final.**

El seguimiento

A lo largo de mi experiencia en ventas, con demasiada frecuencia he escuchado a clientes que se quejan porque su vendedor no les brindó un seguimiento adecuado; también me he topado con personas que, sin demasiado esfuerzo de mi parte, se convierten rápidamente en mis clientes porque estaban listas para comprar, ya que el vendedor anterior, que fue quien las convenció, "no cerró la pinza", como se dice en el argot futbolero, por no dar el seguimiento pertinente para concretar la venta.

Para dar un seguimiento adecuado y efectivo, se requiere mucha paciencia y asertividad. En el ejercicio de mi negocio, a veces he tenido que esperar 4 años o más, desde el primer contacto con mi cliente potencial hasta el cierre de la venta. La clave ha sido, sin duda alguna, el seguimiento oportuno.

El "seguimiento oportuno" se va definiendo según la respuesta inicial del cliente, es decir, si al presentar el producto que estamos vendiendo el posible comprador no lo adquiere, el siguiente paso es una pregunta obligada: *"¿Es éste un NO definitivo o simplemente no es un momento oportuno para comprar?"*. Si la respuesta es la segunda opción, entonces debemos hacer una nueva pregunta: *"¿En qué tiempo cree que las circunstancias puedan cambiar para poder programar una llamada de seguimiento?"*. En este caso se debe dejar la puerta abierta para que el cliente pueda llamarnos en el momento que le plazca o considere oportuno, incluso antes del tiempo acordado. Llegada la fecha pactada, si el cliente no ha llamado, nosotros daremos "seguimiento oportuno" cumpliendo el compromiso específico de llamarle para preguntarle sobre la compra. Cuando hablamos de "específico" significa en la fecha, hora y lugar prometidos.

Si por ejemplo el cliente nos dijera: *"Creo que al inicio del año que entra las cosas pueden mejorar y, probablemente, estaré en condiciones favorables para realizar la compra"*, en este caso nuestra respuesta debe ser otra pregunta: *"¿Prefiere que le busque la primera semana del año o mejor esperamos a la tercera, cuando seguramente se habrán superado los pendientes posteriores a las vacaciones?"*. Una vez definida la semana podremos preguntar qué día de ésta sería el más conveniente. Si la respuesta del cliente es que le da lo mismo, entonces tomaremos nuestra agenda y elegiremos el que nos parezca mejor. Una vez concretado el día, se cierra el compromiso con dos preguntas más: *"¿Prefiere que le busque por la mañana o por la tarde?"*. Finalmente preguntaremos: *"¿Desea que le llame a su celular o a su oficina?"*. Es en este momento cuando podemos decir que hemos logrado concretar un seguimiento oportuno.

Si hemos hecho ciertos acuerdos con un cliente y los seguimos fielmente, es muy difícil que se moleste si cumplimos con lo acordado; por el contrario, le resultará muy satisfactorio el constatar que sus instrucciones se siguieron cabalmente. Si al cumplir los acuerdos notamos molestia en el cliente por haberlo interrumpido, debemos aclarar con delicadeza*: "Perdón por la interrupción. Le estoy llamando porque en nuestra última reunión me comprometí a marcarle el día de hoy, a esta hora, a su celular y estoy cumpliendo mi compromiso. Con mucho gusto le busco más tarde"*. Esto nos permitirá quedarnos tranquilos, al saber que dimos el seguimiento oportuno a nuestro cliente. Podremos entonces decir con certeza: "¡Misión cumplida!".

El éxito y la eficacia del Plan de Trabajo

Lo más importante de un plan de trabajo no es definirlo e imprimirlo a colores, lo más importante es darle "seguimiento oportuno", es decir, cumplirlo al pie de la letra. Por muy bien estructurado que esté un plan de trabajo, si no se sigue y no nos ayuda a exigirnos para vender más y mejor, será como un hermoso edificio abandonado. El punto esencial de las ventas está en incrementarlas cada día, la sobrevivencia consiste en que los clientes reales compren más y los probables comiencen a hacerlo; para engrosar las ventas hay que agrandar la cartera de clientes.

El secreto del éxito está en ser vendedores con una disciplina sana, la cual consiste en la aplicación puntual y correcta de reglas y códigos. La mejor disciplina no es la que nos impone la empresa donde trabajamos, sino aquella que nace de nuestro deseo de ser mejores, con la cual hacemos un compromiso interno personal. Ser exigentes con nosotros mismos nos garantiza la efectiva ejecución de nuestras metas. Lo importante es tener bien definido qué tipo de persona y de vendedor queremos ser, de tal manera que todo lo que hagamos y decidamos contribuya a lograr este objetivo.

La disciplina en una persona habla de seriedad, de consistencia y formalidad, de las cuales se derivan la confiabilidad y el orden. Una persona disciplinada es una persona que inspira confianza, abre puertas fácilmente y garantiza que la refieran de manera positiva. La disciplina es una característica imprescindible en el mundo de las ventas.

Las ventas

La literatura sobre las ventas es un fenómeno que se ha multiplicado en los últimos años. En esos libros se proponen innumerables métodos para tener un éxito sin límites y, ciertamente, hay recetas de todo tipo y para todos los gustos.

En mi caso particular, incursioné en el mundo de las ventas de manera casi involuntaria y con muchos prejuicios. Después de varios años en este fabuloso y atractivo ambiente, y tras haber leído bastantes obras sobre el tema, he llegado a una conclusión importante: **el secreto de las ventas no está sólo en el método sino también, y principalmente, en los valores humanos sobre los cuales basamos nuestra actividad.**

El éxito con sentido humano

Tal vez tenemos hoy un problema de concepto acerca de lo que es el éxito, pues vinculamos la palabra principalmente con el dinero, la fama y el prestigio. En una sociedad materialista como la nuestra, la persona exitosa es la que ha ganado mucho dinero, es famosa o ha recibido abundantes reconocimientos públicos. Sin embargo, estoy convencido de que hay muchas otras, a las que quizás nadie conoce, cuyo éxito supera con mucho al dinero, la fama o los reconocimientos.

Desde la perspectiva humana, el éxito verdadero está en la plenitud personal, no se basa en el reconocimiento social, la riqueza material o la popularidad. Los parámetros modernos que se utilizan para medir el éxito son tan pobres y frágiles, que no importa cómo se alcanzó dicho "éxito"; no interesa si fue a base de trampas, de sobornos, corrupción o traición a los valores personales y sociales, lo importante es que el hombre o la mujer "exitosos" tengan dinero y hayan alcanzado la fama.

En mi fuero interno me resisto a considerar el éxito en función del dinero. Trasladada esta idea a nuestro mundo de ventas, **no podríamos considerar "exitosa" una transacción o el cierre de un contrato si se realizó con base en engaños, sobornos, falsa información y chantajes o con perjuicios a terceras personas.**

Y es que, por increíble que parezca, las ventas están conectadas a valores humanos trascendentes. Si no partimos de esta realidad difícilmente lograremos, ya no digo el éxito profesional, sino la plenitud como personas. Esta manera de actuar nos brindará paz y tranquilidad interior.

El verdadero éxito, por tanto, debemos medirlo en función de la certeza de que estamos haciendo las cosas de manera correcta, sin traicionar a nuestros clientes, ni traicionarnos a nosotros mismos, que sería la peor de las traiciones.

Todos hemos escuchado que, las ventas son un verdadero arte; **la venta con sentido humano es la que seduce al cliente sin presionarlo, es la que convence sin amenazar con falsos límites de oportunidad, es la que busca lo mejor para el cliente y para el vendedor,** pues las cosas son verdaderamente buenas cuando benefician a todos y no sólo a unos cuantos, porque la bondad no es selectiva ni exclusiva para una elite social.

Desde mi perspectiva, el éxito real se da cuando el cliente queda feliz, satisfecho de su compra, convencido de que hizo un buen negocio y, al mismo tiempo, el vendedor comparte esa felicidad, satisfacción y convicción de haber obtenido una ganancia limpia y honesta. Las ventas que no provocan satisfacción, tanto en el comprador como en el vendedor, suelen ser turbias.

Las ventas son, en cualquier caso, un trueque de valores utilitarios; si se realizan con sentido humano

serán, también y siempre, el intercambio de valores trascendentes que resultan muy superiores a los primeros.
No es la intención de este libro resaltar el lado humano
de las ventas para eliminar o desechar la parte material de la utilidad; por el contrario, se pretende generar un equilibrio mediante el cual, la utilidad material y
el aspecto humano hagan de nosotros vendedores más
completos, satisfechos material y humanamente.

El sentido humano en las ventas consiste en evitar
que el sano deseo de crecer económicamente degenere
en ambición desenfrenada; a su vez, la utilidad y el crecimiento económico, hacen que nuestro sentido humano
no sea un simple idealismo romántico que nos lleve a la
pobreza material y espiritual.

Capítulo 4

El buen vendedor no vende, le compran

Al inicio del libro compartí que, irónicamente y hasta el día de hoy, sigo sintiendo cierta aversión hacia determinados vendedores: ésos que nos asfixian con sus propuestas, los que no nos permiten pensar y valorar lo que vamos a comprar, los que pretenden decirnos qué es lo que nos conviene...

Esta es la razón por la que, cuando me acerco a algún prospecto para mi negocio, procuro, en primer lugar, escuchar a mi interlocutor, tratando de identificar cuál es su necesidad o deseo; en un segundo paso, armo honestamente una propuesta que pueda satisfacer lo que desea o necesita.

Recuerdo que un buen amigo y cliente, cada vez que nos reuníamos, solía recibirme con la misma pregunta:

—Y ahora, ¿qué me vas a vender?

Invariablemente mi respuesta, en tono de broma, era la misma:

—Yo no vendo, a mí me compran

Sin embargo, como dice el refrán: *"Entre broma y broma la verdad se asoma".* Siempre he tratado de buscar que la decisión la tome el cliente de manera libre y espontánea, de modo que no se sienta presionado, sino que su compra sea producto de una convicción y no de una coacción.

Es evidente que al realizar una "compra-venta", el nombre mismo nos indica que en toda transacción comercial deben existir estas dos realidades; sin embargo, considero que **el buen vendedor es el que asesora honestamente al cliente para que haga una compra útil y conveniente, de manera que siempre otorgue más importancia a la compra de su cliente que a la venta de su producto.**

En pocas palabras, un buen vendedor logra que su venta sea consecuencia de una buena compra del cliente, y no que la compra del cliente sea consecuencia de la insistencia de su venta.

En la naturaleza del hombre está la tendencia constante a intercambiar valores o beneficios; este hábito viene de la certeza de que no podemos proveernos de todo por nosotros mismos, de que siempre necesitamos algo de los demás.

El origen más profundo de las ventas tiene su raíz, precisamente, en la naturaleza necesitada e incompleta del hombre. Se trata de una necesidad primitiva, que nos empuja a satisfacer nuestras necesidades y aspiraciones a través de un "trueque" permanente. Toda relación que establecemos está basada en la búsqueda de un beneficio, desde la conexión afectiva que se da entre dos personas, hasta la ganancia comercial en una compra-venta.

Lo básico

Ante el bombardeo de libros y propuestas que pretenden ofrecernos la "piedra filosofal" de las ventas, a través de una especie de "recetario" para lograr el éxito en 10 fáciles pasos, me ha parecido oportuno rescatar lo básico de nuestra esencia de vendedores.

Volver a lo básico significa descubrir que el buen vendedor está dentro de nosotros, no en los libros o en las técnicas. La riqueza de un buen vendedor la lleva en sí mismo; todo lo demás: consejos, cursos, conferencias, capacitación, e inclusive este libro que he puesto en sus manos..., todo es una mera herramienta que podemos aprovechar o no, para capitalizar la fuerza y el poder de venta que llevamos dentro. De nada sirven todas estas herramientas si el vendedor no cambia su actitud interior; de nada nos sirve oír o leer acerca de los valores, si después nuestra mente y nuestra voluntad no deciden practicarlos.

Lo "básico" somos nosotros mismos, lo que hay en cada uno. El cambio verdadero se da de dentro hacia afuera, no de afuera hacia adentro. En este sentido, no esperemos que lo externo nos cambie por dentro, somos nosotros quienes desde nuestro interior debemos cambiar lo que nos rodea.

El valor de la palabra dada

El trueque que usaban las sociedades antiguas, es el antecedente de las ventas modernas, sólo que las circunstancias eran muy diferentes y los convenios tenían una carga más humana. En ese entonces la palabra tenía gran valor y mucho peso, no había contratos escritos ni cláusulas intimidantes o engañosas, no existían las famosas "letras chicas" que el cliente nunca lee por descuido, y que suelen sorprenderlo cuando surgen los desacuerdos o las inconformidades.

A las personas se les identificaba por su oficio o por el comercio que ejercían, y su fama la determinaba la honradez en sus trueques y la calidad de su mercancía. Se distinguía claramente al rufián del que era justo y honrado.

Hasta hace pocos años, y todavía en la actualidad, en algunas regiones no contaminadas por la urbanización y la mercadotecnia, la palabra de la persona era y sigue siendo, garantía suficiente para hacer un trato. El hombre cabal es aquel que con, sin o a pesar de un contrato, sabe mantener y cumplir la palabra empeñada. Ésta es la primera cualidad de un buen vendedor, porque de aquí se deriva todo lo demás.

La buena fama se basa en la honradez

Como ya lo mencioné, el comerciante o vendedor ganaba su fama en base a la calidad de sus servicios o su mercancía, y la equidad en sus precios. Al carecer de la sofisticación de la mercadotecnia y no requerir de enredosos contratos, el trueque era llano y sencillo en su aplicación: mercancía, servicio y precio, todo lo demás era secundario.

Resulta triste constatar cómo la pérdida del valor de la palabra y el olvido de la honestidad, han dejado campo libre a la mercadotecnia y la publicidad; hoy en día, con frecuencia la gente no repara en la calidad de los servicios o de los productos, sino en el "status" social que le pueden brindar o en si están de moda o no.

Un buen vendedor adquiere fama con base en su honradez, no sólo por el producto o mercancía que venda, ni siquiera por el precio, ya que este es relativo, porque puede ser muy alto, pero si el producto lo vale y el vendedor es justo, el cliente se sentirá satisfecho de haber pagado lo adecuado por el producto que adquirió.

Mercancía comprobable

Otro elemento importante de la compra-venta antigua, era que la mercancía estaba a la vista del consumidor, por lo que resultaba relativamente fácil comprobar la calidad de la misma y, salvo algunas excepciones, el margen para el engaño era menor que el que tenemos hoy en el mundo de las ventas. El hecho de que el cliente eligiera su mercancía de primera mano, le daba la sensación de libertad y, al mismo tiempo, de responsabilidad en su compra. Se trataba entonces de un compromiso compartido, el vendedor que ofrecía un buen producto a precio justo, y el cliente que elegía libremente lo que quería por el costo pactado.

Las redes sociales y el avance tecnológico han facilitado y acelerado los procesos de venta, lo cual es muy provechoso para nosotros los vendedores; sin embargo, estos procesos han abierto las puertas al engaño, pues con mucha frecuencia se hacen intercambios mercantiles "a ciegas", en los cuales debería existir cierto nivel de confiabilidad para poder cerrar la transacción: el cliente paga una mercancía que no ve y, a su vez, el vendedor no ve, inicialmente, el pago que ofrece el comprador.

Por esta razón las transacciones comerciales se han facilitado y complicado al mismo tiempo. Hoy en día se tienen que ofrecer garantías de todo y para todo, a fin de obtener una cierta confiabilidad. El punto es que, en ocasiones, ni con garantía el cliente está protegido frente a la voracidad de ciertas empresas o vendedores poco honrados.

Ésta es la tercera cualidad. El buen vendedor debe apostar por la honradez, porque es la única garantía realmente segura para el cliente. La honradez es la manera eficaz de demostrar la bondad de una mercancía que no se tiene a la vista.

La dinámica social es una constante compra-venta

Cuentan que durante la Segunda Guerra Mundial, Hitler exigía a sus fabricantes de armamento 1,000 tanques mensuales. Alguien le hizo ver que eso era imposible y le preguntó por qué fijaba una meta inalcanzable; la respuesta del líder nazi fue que, de ese modo, se esforzarían por producir el mayor número de tanques al mes, y que "se daría por bien servido" si le entregaban 100 unidades cada treinta días.

Establecer ciertas cualidades en un buen vendedor es aspirar a ser los mejores en nuestro ámbito de trabajo; proponerse cubrir metas altas, nos impulsará a realizar el máximo esfuerzo para lograr excelentes resultados; al mismo tiempo, **es importante no caer en un idealismo romántico que pretenda la perfección; para romperlo es importante que incluyamos, en nuestras metas y proyectos, un margen prudente de error y equivocación.**

Una oportunidad para...

Al final de la historia, tanto el trueque antiguo como la venta moderna son SIEMPRE una oportunidad para intercambiar valores y, depende de cada vendedor, darle el enfoque conveniente o apropiado.

- <u>Enfoque positivo</u> Busca lograr un crecimiento económico, de forma honrada, con metas concretas, y mediante una sana ambición. Esto es saludable porque nos lleva a tener una economía sólida que nos permita dar una vida digna y estable a nuestra familia.

Es importante favorecer el bienestar de la gente; una venta con sentido humano es la que favorece que el cliente viva con mayor bienestar y comodidad. Aunque pueda parecer secundario, el bienestar material es un elemento importante para el equilibrio de las personas. **Esta es una de las satisfacciones más agradables que puede experimentar un vendedor: constatar que su cliente se siente feliz de haber adquirido mayor bienestar y tranquilidad para él y su familia.** Si lo dimensionamos de manera adecuada, el vendedor honesto que busca el bien integral de su cliente está impactando positivamente en muchas familias, y contribuye de manera indirecta en la armonía familiar y social.

El buen vendedor siempre está buscando, además, mejorar los productos y beneficiar la dinámica social; ofrecer mejor calidad en sus servicios. No es una persona que se conforme o se "apoltrone" cuando ha logrado cierto nivel de ventas, sino que siempre busca superar la historia del día anterior. Los buenos productos y/o servicios contribuyen a la confianza social y a vivir dentro de una dinámica de credibilidad.

Un enfoque positivo busca también fortalecer la economía del país; comprende que la economía de cualquier nación no depende única y exclusivamente de los dirigentes políticos o financieros. El impacto real en la microeconomía lo provocamos nosotros, los vendedores, porque somos nosotros los que tratamos personalmente con el consumidor; pueden haber decisiones erróneas a nivel macro, pero la economía diaria, la que vive el hombre "de a pie", es la que nosotros le hacemos llegar con nuestras ofertas y productos. **La economía de las familias es la verdadera economía de un país, y nosotros tenemos la oportunidad de fortalecer y consolidar esa economía vendiendo productos y servicios de calidad.**

- Enfoque negativo Busca enriquecerse a costa del cliente: éste es uno de los hábitos más comunes y deplorables de las ventas sin sentido humano. La avaricia sin límite y el abuso impune, pueden llevar al vendedor a buscar "dinero fácil". Cuando el enfoque está centrado únicamente en el dinero, es muy fácil perder de vista al cliente. Así como una venta con sentido humano impacta positivamente en la dinámica de las familias, la venta codiciosa destruye esa armonía y el equilibrio del hogar. Hay más responsabilidad de la que se cree cuando cometemos un fraude o engañamos dolosamente a nuestros clientes.
En el mundo de las ventas es sencillo, por desgracia, caer en el engaño y la corrupción sistemática,

y ese es otra característica de un enfoque negativo. Cuando se ha hecho una vez y se cree que no han habido consecuencias negativas, resulta peligrosamente simple crear el hábito de vender con engaños y corruptelas, para lograr mayores beneficios pecuniarios. El engaño es la semilla de la desconfianza y la garantía de un final desastroso.

Otra de las tentaciones más grandes de nuestro tiempo es conseguir dinero fácil. La tendencia a lograr todo sin demasiado esfuerzo se ha vuelto cultural en muchos sectores de ventas. El dinero fácil, como se mencionó antes, es la destrucción más devastadora de un vendedor, ya que pisotea sus valores y elimina su credibilidad ante los clientes. **Lo que fácil llega fácil se va y deja a su paso sólo destrucción.** Las leyes de la naturaleza son muy claras: todo lo que es construcción y elaboración se logra lentamente y con detalle; todo lo que es destrucción sucede rápido y es arrasador. El dinero fácil, en cualquiera de sus acepciones, es el átomo de un fracaso irremediable.

Cuando el único objetivo del vendedor es enriquecerse a costa de lo que sea, la consecuencia lógica es el desarrollo de una avaricia sin escrúpulos. Ni las virtudes ni los vicios se dan aislados; un vicio lleva a otro vicio y así es como se deteriora la esfera de valores en la persona. Enfocar todo hacia las ganancias económicas es el gran riesgo de los vendedores; paradójicamente es su mejor aliado y su mayor enemigo; el cliente que se siente engañado o, al menos, no atendido debidamente, no volverá a comprar sino que buscará otras opciones y, además, hará muy mala fama del vendedor que lo engañó.

El "plus" del sentido humano en las ventas

Es necesario rescatar la esencia de las ventas: en toda venta hay dos actores importantes, el vendedor y el comprador. Entre ellos se da una relación simbiótica, uno depende del otro, por tanto, debe haber igualdad de condiciones. La venta no se define como el proceso según el cual una de las partes se enriquece y la otra empobrece. La venta es, primeramente una relación INTERPERSONAL, donde ambas partes representan el 50% del proceso, y es una oportunidad maravillosa para que ambos se enriquezcan en todos los sentidos.

El sentido humano en las ventas rescata el principio de toda transacción: la relación entre dos o más personas. Establece un esquema único e inflexible: "gana el cliente y gana el vendedor", es decir, se da un intercambio equilibrado de valor entre ambos. Puede sonar un tanto radical hablar de inflexibilidad pero, considerando el punto anterior, **una venta nunca podrá calificarse como justa y con sentido humano si alguna de las partes queda en clara desventaja.** Se habla de esquema inflexible porque nunca habrá una razón suficiente para justificar el abuso o el engaño en una venta.

El sentido humano en las ventas resalta el valor de las personas por encima de las ventas: cuando se tiene claro que el cliente no es una "mina de oro" sino una persona igual a nosotros, cambia completamente la postura de ambos. Para lograr esto, el vendedor debe mantener una consciencia clara de su dignidad y valor como persona, de manera que trate a sus clientes como tales y su comportamiento invite a los demás a que lo traten con el respeto que todos merecemos. Tener presente el valor de la persona en las ventas es garantizar que el cliente nos compre a nosotros.

El sentido humano en las ventas hace crecer el prestigio y la fama de los vendedores, y con ello aumenta sus ventas: lo que más valora un cliente es el buen trato y el sentido humano que muestra el vendedor a la hora de ofrecerle sus productos y/o servicios. Un vendedor con sentido humano será siempre muy apreciado y valorado por los consumidores. Puede haber, sin embargo, compradores que no tengan un adecuado sentido humano y pretendan que el vendedor se "ponga de tapete", como solemos decir, pretendiendo que su dinero no sólo compre la mercancía sino la dignidad del vendedor. En este caso, éste debe mostrar su sentido humano, dejando claro que lo que le está vendiendo es un valor material o intangible, pero que eso no implica que se compren sus valores ni su tiempo. Si el cliente tiene criterio, puede ser que no compre nada, pero reflexionará y valorará la actitud del vendedor que prefirió perder una buena venta antes que su dignidad y sus valores.

En el sentido humano se encuentra la clave para eliminar la corrupción y el tráfico de intereses en el mundo de las ventas. Genera un clima de confianza y credibilidad en la relación vendedor-cliente y, como consecuencia, un clima favorable entre los actores de una venta. Si el vendedor es honrado y respetuoso con el cliente y éste asume la misma actitud, se estará creando un vínculo muy importante de valor entre ambos: la confianza y la credibilidad, que son el punto esencial de toda relación entre dos o más personas. La confianza no la otorgan las empresas por su estructura y su capital, sino las personas que las dirigen. **La confianza es un valor propio de las personas y es la base para que una relación perdure. No hay ningún secreto, ninguna varita mágica para tener éxito en las ventas, lo único que se requiere es tener la capacidad para generar confianza y credibilidad** entre cliente y vendedor.

Conclusión

Para terminar, quiero añadir que todas las reflexiones hechas en este pequeño libro, todas las sugerencias y todas las propuestas, van encaminadas a un solo objetivo: cambiar la actitud y la estructura mental del vendedor moderno. El éxito de las ventas no está en provocar cambios en la mercancía o la manera de publicitarla, sino en transformar la mentalidad y la actitud fundamental del vendedor.

No es la mercancía la que vende sino el vendedor con sentido humano; cuando se haya entendido esto, tendremos como resultado un buen vendedor, que no vende sino le compran.

Las ventas con sentido humano son la consecuencia de un trabajo digno y honesto, en cualquier momento o circunstancia.

Ser vendedor debe implicar un estilo de vida con sentido humano.

Capítulo 5

Un recorrido por el mundo de los valores

Es muy difícil hablar de una vida de éxito y plenitud fuera del marco de los valores, por ello ahora nos adentramos en este tema. No he diseñado un orden estricto en cuanto a la importancia de los valores; sin embargo, he tratado de describir primero aquellos que me parecen más profundos. En segundo lugar, los que son más tangibles o externos y que son, de alguna forma, reflejo de lo que llevamos y somos por dentro.

Estoy convencido de que son muchos los valores que se pueden practicar en las ventas y los que propongo son aquellos que, en mi experiencia, me han parecido más importantes en la práctica de cada día.

- Honestidad Quizás éste sea uno de los valores más importantes no sólo en el terreno de las ventas sino de la vida humana. Este valor es el que hace confiables las relaciones interpersonales, porque nos permite sentirnos seguros al saber que no nos están engañando. **Una venta deshonesta tarde o temprano se**

cae, o no genera un cliente real, esto como mínimo, pues sabemos muy bien que la falta de honestidad en el mundo de los negocios puede llevar a situaciones legales realmente complicadas. Cuando se pierde la credibilidad del cliente, no sólo se pierde al cliente, sino también y sobre todo una parte esencial de nuestra condición de vendedores. Un vendedor sin credibilidad preferible es que se dedique a otra actividad.

- <u>Sinceridad</u> Es necesario ser sinceros en cuanto al producto o servicio que ofrecemos, de esta manera el cliente no se sentirá engañado. Si somos sinceros, el cliente sabrá en todo momento lo que puede esperar de nuestro servicio o del producto que le estamos vendiendo. Vale la pena señalar que, hoy en día, el tema de la sinceridad brilla por su ausencia en muchos esquemas de ventas, ya que se hacen demasiadas ofertas que luego no son lo que el cliente esperaba. La sinceridad debe ser total, no a medias, no buscando que el cliente confíe, compre el producto, para que luego se vea sorprendido por "las letras chiquitas", que son todo aquello que no se especifica con claridad. Por otro lado, es propio de la sinceridad describir con precisión lo que nuestros servicios NO cubren, o nuestros productos NO cumplen. La sinceridad en las ventas debe incluir, también las expectativas del cliente, pues crear una falsa expectativa o simplemente dejar que el cliente espere del producto o servicio más de lo que se le ofrece, es una acción dolosa y turbia. En ocasiones **resulta más importante decir lo que NO podemos satisfacer, que esperar a que el cliente lo descubra por sí mismo.**

- <u>Gratitud</u> "Es de gente bien nacida ser agradecida", reza el refrán, con sabiduría. La venta como tal no es más que una transacción de valores materiales; es la versión moderna y "monetarizada" del antiguo trueque de mercancías en el mercado. Sin embargo, **detrás de cada trueque o convenio, hay una carga humana muy importante,** que no se paga con dinero, productos o servicios; este valor humano son el tiempo de cada persona, la amabilidad, el trato respetuoso, la confianza y la formalidad. Esto sólo se puede corresponder con gratitud, y es ésta la que hace valiosa la relación cliente-vendedor. La gratitud es más que la forma educada de decir "gracias"; es, en realidad, una actitud de reconocimiento ante la vida y ante los demás.

- <u>Prudencia</u> Uno de los valores más exigentes es este; ser prudentes significa comprender y respetar los tiempos y las decisiones de los demás. Supone también tener un cuidado y atención exquisitos a la hora de hablar; no siempre es conveniente ni oportuno decir lo que pensamos o queremos, por más que tengamos la razón. Ser prudente significa saber **respetar los tiempos, la personalidad y las necesidades del cliente.**

- <u>Generosidad</u> En una sociedad caracterizada por el individualismo materialista, este valor no encuentra demasiado espacio; si lo trasladamos al mundo de las ventas, pareciera incluso que ganancias y generosidad son términos antagónicos; sin embargo, en las ventas con sentido humano no podían estar más juntas. **El buen trato, el tiempo, el respeto, la alegría, la atención y el saber escuchar**, sólo se dan en el terreno de la generosidad. Nada de esto resulta real y auténtico si el vendedor no es verdaderamente generoso, pues no olvidemos que hasta el cliente más ignorante o inexperto percibe claramente las poses ficticias o el trato zalamero, que sólo persiguen la ganancia y no el interés por la persona. La hipocresía y la falsedad dondequiera apestan.

Como un elemento básico o antecedente de lo que es la generosidad, podemos identificar el "altruismo" (ver por el otro), como una expresión de la conciencia social que debería tener cada persona. Retribuir a la sociedad algo de lo que nos aporta cada día, es un acto de gratitud y generosidad que pone de manifiesto un buen corazón y habla de compromiso social, tan necesario en nuestro mundo cotidiano.

• <u>Compasión</u> Este término significa "padecer, sufrir con". La compasión no es, por lo tanto, un valor de tipo religioso sino la manera de sentir y compartir con los demás sus tropiezos materiales, personales y espirituales. Además de compartir, la compasión incluye el deseo y la acción práctica de ayudarlos y apoyarlos para que salgan adelante. La compasión es más que simple lástima, más adecuada para tenerla con los animales que con los seres humanos. Compasión es un toque de identificación, es el verdadero sentido humano que nos vincula a nuestros semejantes porque, a fin de cuentas, **todos sufrimos y pasamos por momentos difíciles y complicados, en los que la ayuda y el apoyo moral de los demás son necesarios e importantes.** Compadecerse es abrir el corazón a la persona que está frente a nosotros sin importar si es cliente o no; es acercarse al mundo del otro sin obstáculos emocionales, simplemente con el deseo y la intención firme de conectarnos con él.
La compasión enriquece a quien la practica, porque va más allá de las circunstancias y se centra en descu-

brir a la persona, a nuestro semejante quien, al igual que nosotros, tiene necesidades y padecimientos. La compasión genera la verdadera actitud de servicio.

- Servicio No se debe confundir el valor de servir con el servilismo. Servir significa **colaborar y ayudar a los demás de manera espontánea.** La persona servicial traslada esta actitud a todos los ámbitos de su vida; por el contrario, la que es servil lo hace de manera interesada, únicamente cuando la ayuda que brinde le reditúe alguna utilidad. El espíritu de servicio es propio sólo de personas que poseen una gran seguridad interior, pues no se sienten más por ayudar y servir al gran empresario, ni se sienten menos cuando lo hacen con la señora de la calle que necesita ayuda; el verdadero espíritu de servicio hace la vida más fácil y agradable a quienes nos rodean.

Las personas serviciales son atentas, observadoras, aprovechan las oportunidades para brindar sus servicios a los demás; tienen siempre una disposición extraordinaria para ayudar y apoyar con gusto y alegría cuando sea necesario. El servicio auténtico no es un acto aislado, es una forma de ser y de vivir. Se puede decir que el culmen del espíritu de servicio se alcanza cuando se hace en silencio, de manera desinteresada, cuando no se busca reconocimiento, compensación o pago por lo que se hizo; en este nivel de perfección en el servicio "no se aceptan quejas", porque se sirve con alegría y con gusto, porque en este nivel "servir es un placer".

• <u>Amor</u> Seguramente más de un lector estará cuestionándose qué tiene que ver el amor con las ventas. Amar es la actividad más grande, fuerte y satisfactoria del ser humano; de hecho se puede decir que no hay ningún acto que no hagamos "por amor", entendiendo el amor como **un movimiento de la voluntad hacia lo que es bueno.** En este sentido, tomar una taza de café es por amor a nosotros mismos y a nuestro cuerpo, porque le gusta el café o porque en ese momento necesita algo caliente; desde lo meramente físico hasta los actos más trascendentes, el amor es la base de todas nuestras acciones, porque siempre buscamos algún bien o algún beneficio.
En este sentido, es fácil constatar que hay diferentes estadios de amor, y cómo el "amor" puede deformarse cuando sólo hay egoísmo en la persona. ¿Por qué buscamos clientes para venderles algún producto o servicio? Porque queremos un beneficio para nosotros y nuestra familia, no sólo de tipo material y económico, sino también como realización personal y crecimiento profesional.

El amor en un vendedor puede llegar a ser muy egoísta y, entonces, sólo buscará su propio beneficio, no le importará si el cliente o su propia familia resultan dañados por su actividad poco ética yególatra. En este caso no hay amor, sólo un egoísmo sin barreras.

Existen dos tipos de amor que me parece oportuno señalar. El primero es el amor de benevolencia, en el que se busca el bien del otro, se busca que el otro sea más él mismo, crezca, se desarrolle y sea "más grande". Es un tipo de amor desinteresado, con alto nivel de perfección; es lo que llamaríamos amordádiva, porque no es un amor egoísta sino generoso y abierto hacia el otro.

El segundo tipo es el amor-necesidad, el cual nos inclina a buscar la propia perfección y desarrollo, nos hace orientarnos hacia nuestros fines personales, nos invita a crecer, a ser más, podemos llamarlo también, amor de deseo. Esta forma de amor es el primer movimiento de la voluntad que busca siempre un beneficio; la voluntad no se mueve si no descubre un bien atractivo.

La clave para que lo que amamos nos haga realmente crecer y nos dé plenitud, es que el bien que buscamos esté relacionado con la bondad verdadera y no sólo con el beneficio particular.

- Humildad Este es otro valor que podría sonar "raro" para el mundo de las ventas y, por desgracia, también para el mundo en general, donde se malentiende la humildad y se cree que una persona humilde es la que vive en la pobreza material. Teresa de Ávila decía que "la humildad es la verdad". Reconocer las cualidades personales y los méritos no es soberbia si, al mismo tiempo, aceptamos que tenemos defectos y que cometemos errores. Para ser humilde primero se tiene que ser honesto.

  En el mundo de las ventas la humildad se debe traducir en **actuar con verdad, en aceptar los errores y resarcir las consecuencias de éstos en la medida de lo posible.** La humildad es la única actitud que nos permite superarnos cada día, crecer y ser mejores personas. Por el contrario, la soberbia es la ceguera del alma que impide descubrir, en cada día, una oportunidad maravillosa de superación y crecimiento personal.

- Paciencia El término viene de "patire", que significa padecer. Paciencia es, por tanto, saber padecer, saber **vivir con templanza y fortaleza todo lo que la vida nos depara cada día.** No se trata nada más de soportar estoicamente, sino también de darle sentido a los contratiempos, los problemas y las dificultades, de manera que sepamos descubrir, en cada uno de ellos, una oportunidad de crecimiento y fortaleza personal. La paciencia es la espera del sabio que aguarda el momento oportuno y conveniente, con la certeza de que las mejores recompensas siempre llegan al final del esfuerzo constante. La precipitación es muestra clara de la avidez y la ambición malsana, provoca ansiedad y disminuye o destruye los negocios. Ser pacientes es propio de gente sabia y experimentada.

- <u>Comprensión</u> Comprender es más que entender, constituye una de las actitudes que más pueden llegar a identificar a dos personas; saber y sentir que el otro nos comprende significa experimentar un estado de alivio, de tranquilidad y de paz, generando un espacio para la confianza y el desahogo. Un vendedor comprensivo sabrá identificar cuándo vale la pena insistir al cliente y cuándo, definitivamente, debe retirarse y dejarle un espacio prudente para, luego, volver a buscarlo. **Comprender al otro supone tratar de ponernos en su situación y mirar el mundo desde su perspectiva.**

- <u>Bondad</u> La bondad perfecciona al espíritu humano porque todos estamos orientados naturalmente hacia el bien, por eso este es uno de los mayores atractivos de las personas. Encontrar a una persona bondadosa es descubrir un espacio donde podemos relajar el espíritu, con la certeza de que no nos hará daño. Vivir haciendo el bien es una de las mayores y mejores satisfacciones que podemos recibir. La bondad genera bondad y, si no fuera así, tendremos siempre la tranquilidad y la certeza de que creceremos internamente por el hecho de hacer el bien. A veces se puede confundir el ser buenos con ser débiles, pero esta idea es una falacia y una justificación de quienes sólo buscan el propio beneficio a costa de los demás. La fortaleza más grande de una persona se encuentra, precisamente, en ser bondadosa, en procurar hacer el bien a los demás. **Un vendedor bueno no es aquél que logra muchas ventas a base de engaños o trampas, sino el que encuentra el justo medio entre bondad y beneficio para él y para sus clientes.**

- <u>Sencillez</u> La seguridad y la fortaleza interior son la base de la verdadera sencillez. Quien es seguro y fuerte interiormente no necesita hacer ostentación de nada, simplemente se muestra como es, con una espontaneidad que resulta muy grata para quienes lo rodean. La persona que es sencilla de corazón no es pretenciosa, no se compara con los demás ni los descalifica;

por el contrario, es capaz de reconocer sin reparo las cualidades y virtudes ajenas, pues aprovecha todo esto, con humildad, como un aprendizaje para su crecimiento personal. En un mundo de competencia permanente pareciera que la sencillez no tiene cabida; por eso resulta tan importante fortalecernos interiormente, para expresar lo que somos sin simulaciones ni falsas imágenes. **Mostrar el producto o el servicio con sencillez, claridad y seguridad, provocará una gran confianza en el cliente.**

- <u>Lealtad</u> Es la base para la durabilidad y la solidez de cualquier relación interpersonal: amistad, familia, trabajo, etc. Implica un compromiso moral que va más allá de un simple contrato, donde no cabe la traición o el engaño. Es tan fuerte, que incluso en los grupos delictivos es el valor más demandado, aun cuando esté orientado al mal. La lealtad debe comenzar por defender lo que creemos y lo que practicamos; no podemos ser leales con los demás si no somos leales con nosotros mismos. No nos engañemos, si nuestra oferta no es realmente buena, solucionemos el problema antes de ofrecerla dolosamente a los clientes quienes, sin duda alguna, serán capaces de diferenciar al vendedor leal, de aquel que no lo es. Parodiando el refrán que reza: "cuentas claras amistades largas", deberíamos afirmar: "lealtades claras, relaciones largas y sólidas". **La lealtad no es resultado de un sentimiento afectivo, sino de una actitud firme del espíritu para hacer siempre lo que es correcto.**

- <u>Respeto</u> Todos sabemos que es la base para una convivencia sana en sociedad. **Nace de la dignidad que tenemos todas las personas, más allá de nuestras condiciones particulares:** edad, sexo, religión, economía, capacidades, etc. El respeto es uno de esos valores que hay que ganarse en la vida, y se adquiere dando su lugar a los demás, respetando las leyes y reglamentos establecidos por una autoridad reconocida. Este valor es una forma de reconocimiento, de aprecio y valoración de las cualidades de los demás. Para un vendedor el respeto es un valor clave a la hora de relacionarse con el cliente: si sabe respetarse a sí mismo como persona, respetará adecuadamente a los demás incluyendo a sus clientes.

- <u>Perdón</u> Nadie está exento de cometer errores, de equivocarse y dañar involuntariamente a los demás. Las equivocaciones son, primeramente, un daño que nos hacemos a nosotros mismos y, con frecuencia, los demás pagan los efectos de dichos yerros. Estas acciones pueden llegar a lastimar o fracturar nuestras relaciones y el concepto que tengamos de nosotros mismos. El perdón es una de las grandes necesidades del mundo moderno y es, tal vez, uno de los grandes ausentes en la vida de cada día. Está comprobado que las envidias, el rencor, los resentimientos y la venganza, corroen el alma de quien los acepta o los alimenta interiormente. Al no saber perdonar, se pierde la tranquilidad y la paz interna desaparece; se vive con amargura y con acritud, causando daño a los que están a nuestro alrededor.

El perdón proviene de un corazón humilde para aceptar con serenidad los propios errores, y generoso para comprender y disculpar los errores ajenos. El corazón se fortalece entonces, porque es capaz de amar con mayor sinceridad y alegría. No siempre las ventas van a crecer, no siempre vamos a quedar bien con los clientes, no siempre vamos a recibir halagos, pero si los vendedores no queremos "tirar la toalla", debemos aprender a perdonarnos y perdonar a los demás cada día después de cada error.

Una actitud valiente de perdón y humildad, obtiene lo que la venganza y el odio nunca podrán: restablecer la armonía de una relación y aportar paz interior al alma. **Perdonar es más sencillo de lo que parece, el secreto está en saber mirar hacia den-**

tro de nosotros para no olvidar quiénes y cómo somos.

- Sensibilidad Contrario a lo que muchos creen, este valor demuestra la fuerza y energía que puede llegar a tener una persona. Es la base de la empatía y la comprensión, y habita sólo en los espíritus nobles y profundos. Hay que distinguirla de la sensiblería o lo que en palabras comunes llamamos cursilería o superficialidad. La sensibilidad es característica del verdadero sentido humano, porque es capaz de descubrir lo que hay detrás de lo material, de lo ficticio y de lo aparente. **El vendedor sensible es, antes que todo, un verdadero ser humano que sabe conectarse con su cliente en cuanto persona** y no lo percibe únicamente como nicho de oportunidad.

- Empatía Se trata de hacer un esfuerzo por comunicarnos con el cliente más allá de las simples palabras. Como ya lo hemos visto, existen muchos mensajes que se transmiten con la mirada, los gestos, la postura corporal, el vestido, el lugar donde se vive, etc. Necesitamos ser empáticos para reconocer y comprender los sentimientos y actitudes de las personas, así como las circunstancias que las afectan en un momento determinado. La empatía aporta al vendedor la **capa-**

cidad para conectarse con su cliente, más allá del estado anímico con que se levantó ese día, por encima de las preocupaciones o distracciones que pueda tener en ese momento.

- <u>Solidaridad</u> Aunque suena como un valor meramente social, representa un valor fundamental en la cohesión comunitaria y familiar. Solidaridad significa sumar, identificarse con la necesidad del otro para ayudarlo a satisfacerla, para buscar en común soluciones válidas. Ser solidario significa buscar la plenitud personal a través de la ayuda a los demás. Erróneamente hay gente que piensa que si cubre todos sus gustos y caprichos será plena, cuando en realidad nuestra naturaleza está hecha para realizarnos a través de la solidaridad con los demás. **El vendedor solidario evalúa las inquietudes y necesidades de su cliente, no para venderle, sino para ayudarlo a satisfacerlas y cubrirlas con plenitud.**

- <u>Responsabilidad</u> Podría identificarse con el simple hecho de cumplir lo que se promete o realizar debidamente las propias obligaciones; sin embargo la responsabilidad va más allá de un cumplimiento frío hecho por puro deber. Ser responsable quiere decir **saber y poder dar respuesta de lo que se**

hace y por qué se hace. Cuando no tenemos una actitud responsable en la vida, cumplimos por obligación o por temor, normalmente con el mínimo esfuerzo y sin ningún entusiasmo. La persona responsable es la que da lo mejor de sí misma en cada instante, sea en el trabajo, con los clientes, en casa y también, por qué no, en la diversión y el descanso en familia o con los amigos.

En una venta la responsabilidad consiste en "dar siempre la cara", en tratar al cliente con respeto, ofreciéndole en todo momento una respuesta honesta y puntual. El problema no es cometer errores, sino el no asumir las consecuencias de los mismos.

Ser responsables significa asumir el compromiso, moral o legal, de cumplir lo que se haya prometido. Esto tiene un efecto directo en otro concepto fundamental: la confianza, porque confiamos únicamente en aquellas personas que son responsables, que cumplen; ponemos nuestra fe y lealtad en aquéllos que de manera confiable respetan los acuerdos tomados.

La responsabilidad es también signo de madurez, porque es necesario hacer un esfuerzo más allá de los gustos y de la comodidad personal, cuando no resulte agradable cumplir los compromisos y las obligaciones asumidas.

Por último, vale la pena señalar que más allá de respaldar la calidad de nuestros productos o servicios, la responsabilidad conlleva el informar claramente al cliente, si su necesidad se verá o no satisfecha con lo que le estamos ofreciendo. Una venta responsable, con sentido humano, no busca la ganancia como prioridad, sino la satisfacción del cliente y el bienestar común de la sociedad. Los vendedores debemos ser responsables del bien común que nos corresponde como miembros de la sociedad.

- Sacrificio Término no muy socorrido en un mundo como el nuestro, que busca a ultranza el bienestar y la comodidad; quizás incluso nosotros mismos vendemos este concepto como la mayor aspiración humana: estar bien y estar cómodos es la meta de muchas personas. Pero, en realidad, ¡cuántos sacrificios se requieren para lograr nuestras metas! Cuanta más alta y noble sea una meta tanto más esfuerzo y sacrificio se requiere. La renuncia es, a fin de cuentas, una inversión para lograr mayor plenitud y satisfacción. **La capacidad de sacrificio determina nuestra resistencia ante el esfuerzo:** quien no ha cultivado el hábito del sacrificio difícilmente alcanzará el éxito que, se dice, consiste en un 10% de suerte y un 90% de esfuerzo y trabajo.

- <u>Puntualidad</u> Este valor es la primera muestra de un respeto refinado. Implica **orden y precisión, dos cualidades elementales para identificar la formalidad y seriedad de una persona.** La falta de este valor refleja una personalidad desordenada, distraída, poco respetuosa y, por tanto, poco confiable. Un vendedor no puede pasar por alto este valor o considerarlo de segundo nivel; la puntualidad es nuestra tarjeta de presentación para cualquier relación que entablemos con los demás. Por supuesto, en algún momento pueden suceder imprevistos o situaciones fuera de nuestro control, pero deben ser las menos y el buen vendedor ha de buscar evitarlas a toda costa. Aquí entra también la capacidad para saber exigir puntualidad a los demás; el respeto nace de la reciprocidad, por lo tanto, si nosotros somos puntuales nos hemos ganado el derecho de exigir la misma moneda a nuestra contraparte. Una exigencia inteligente de puntualidad, deja un mensaje claro al cliente: si hemos acordado una hora para nuestra cita y el cliente nos hace esperar 20-30 minutos, lo recomendable es dejar un mensaje muy amable y atento, diciendo que nos retiramos porque tenemos otras obligaciones que cumplir pero, sobre todo, porque tenemos el deseo de atenderle como se merece, con calma y tranquilidad, y que en otro momento concertaremos una nueva cita. Este tipo de acciones dicen bien del vendedor, hablan de su formalidad y seriedad a la hora de hacer negocios, expresan el respeto que siente hacia el cliente y el respeto que exige hacia sí mismo.

- <u>Desprendimiento</u> Éste es un valor raro en el mundo moderno, y más raro puede sonar en el mundo de las ventas. Desprendimiento quiere decir "desapego" de lo material, de lo que no es esencial, de lo que no es trascendente. Desapego no significa indiferencia o desprecio por los bienes materiales, tampoco es una invitación a vivir en la pobreza material; no, desapego habla de libertad interior, dice que hay que saber soltar todo aquello que nos amarra y esclaviza impidiendo nuestra plenitud. Es el desprendimiento el que da sentido humano a la riqueza y a los valores materiales, no es enemigo del poseer y el tener, pero nos protege de su agresividad y de su tiranía. El desprendimiento o desapego es prueba de un alma libre, con tal riqueza interior, que podría vivir sin la exterior, aunque la busque y utilice para vivir cómoda y dignamente. Los apegos materiales hacen mezquina al alma y miserable al espíritu. **Vender con sentido humano es saber desprendernos de lo que tenemos, para ofrecer lo mejor de lo que somos.**

- Docilidad Resulta muy fácil confundir este valor con la desgana, la dejadez o la falta de empuje y sana ambición. Sin embargo, la docilidad es **la flexibilidad inteligente, es la aceptación humilde que sabe enriquecerse con la experiencia de otros.** Ser dócil es mostrar apertura para crecer constantemente, es la actitud del sabio que ve cada día como una oportunidad irrepetible para crecer y ser mejor persona. Un vendedor dócil es el que se adapta inteligentemente a las situaciones y circunstancias; el que sabe exprimir cada momento y sacar "jugo hasta de una piedra", porque es flexible, porque no cierra puertas, porque se adapta sin traicionarse a sí mismo. La docilidad es clave en el mundo de las ventas, ya que tenemos que tratar con personalidades muy diferentes y estilos contrastantes, y a todo ello hay que saber adaptarse.

- Aprendizaje Derivado de la docilidad, el aprendizaje es el reconocimiento humilde de que siempre hay algo que podemos aprender. La gente "pagada de sí misma", que cree que todo lo sabe es, en realidad, muy ignorante porque ha cerrado en su espíritu la ventana del conocimiento. Cuando existe la **apertura mental** para aprender, un niño, un mendigo, el vecino, el cliente, el colega, el cónyuge y hasta aquella persona que nos cae tan mal, pueden ofrecernos la lección más hermosa de vida, todo es cuestión de apertura sencilla ante la posibilidad de aprender algo nuevo. Ningún ser humano es perfecto, por lo cual el aprendizaje es una ley de vida que sólo un obturado o impedido mental puede negarse a sí mismo. Aprender es la riqueza más grande que podemos adquirir, con la menor inversión imaginable: basta quererlo.

• Autodominio Hoy en día se habla mucho de tolerancia, muchas veces en términos no muy precisos, pero constituye la base para lograr el autodominio en los momentos en que las circunstancias nos inducen a perder el control a lanzar todo por la borda; a destruir en dos minutos lo que se construyó en años. A diferencia de los animales, las personas podemos lograr el dominio de nuestro instintos básicos gracias a nuestra razón; queda claro pues, que el autodominio es cuestión de libertad y de decisión. **No se vale decir: "es que así soy y ni modo".** La falta de dominio personal nos lleva a perder el control de las situaciones y, como consecuencia, a vivir en estrés y ansiedad permanentes. Es importante ejercitar constantemente el autodominio: en casa, con el cónyuge y los hijos; en el trabajo, con los colegas; durante las ventas, con los clientes; en la calle, con los amigos, etc.

- Crítica constructiva Criticar significa aplicar criterios para discernir las situaciones. Esos criterios se pueden aplicar con el afán de construir y mejorar, o con la intención de destruir y descalificar. Cuando nuestros criterios no son objetivos y verdaderos, es cuando la crítica se vuelve ácida y subjetiva; tal vez cargada de nuestras envidias y resentimientos. Por el contrario, cuando tenemos criterios sanos y somos honestos; la crítica será **la mejor herramienta para crecer y mejorar cada día.** Primeramente tenemos que ser sanamente críticos con nosotros mismos, para reconocer nuestros errores y para identificar dónde podemos mejorar. La crítica hacia los demás, aun la "constructiva", debe ser muy cuidadosa y delicada. En realidad nadie nos ha nombrado jueces del mundo, así que debemos ser muy prudentes a la hora de hacer una crítica constructiva acerca del trabajo de las personas que están a nuestro alrededor.

- Superación Consecuencia de una sana crítica constructiva, la superación es una necesidad natural en todas las personas; es **el valor que nos motiva a ser mejores en los planos humano, profesional, económico, familiar y espiritual.** El impulso natural de superación que hay dentro de nosotros, no será eficaz si no capitalizamos esta fuerza interior; para lograrlo se sugiere que vivamos en un esfuerzo constante, a través de la planeación, decisión y ejecución efectiva de nuestros objetivos. Las aspiraciones resultan efectivas cuando se llevan a cabo, pero se convierten en frustraciones y huecos negros cuando se reducen a meras intenciones y anhelos inconclusos.

- <u>Alegría</u> Muy diferente a la risa descontrolada o a la superficialidad, que es capaz de burlarse de la desgracia, la alegría es un sentimiento del alma que está conectado a la paz y a la plenitud interior. La alegría de la que estoy hablando no es la del que toma la vida como una fiesta continua, tampoco la que se inhibe con la dificultad o los problemas, ni la que depende de estados de ánimo. Me refiero a una actitud, a un estilo de vida que todo vendedor debería tener, pues la alegría viene de **la conciencia de que estamos haciendo lo que más nos gusta y lo que mejor sabemos hacer.** Un vendedor alegre, es el que siempre encuentra los aspectos positivos en las situaciones difíciles o complicadas; es el que ve siempre la chispa de luz en medio de la oscuridad; es el que sabe sonreír con el alma, aun cuando el llanto aflore en sus ojos.

- <u>Optimismo</u> Debemos permanecer atentos para que este valor no se convierta en un simple idealismo romántico, falso, que nos aleje de la realidad. El optimismo llevado al extremo, no es más que la evasión y la negación de la realidad. Es importante saber evaluar las situaciones menos positivas o claramente desagradables, a fin de analizarlas para evitar cometer los mismos errores. El optimista no es el que, cuando se incendia su casa, dice que no pasó nada y que, gracias a ello, tendrá la oportunidad de estrenar una nueva. **El optimismo verdadero es el que logra una convivencia armoniosa con la realidad, sea cual sea.** Cuando las cosas están mal, el optimismo nos ayuda a impulsarnos para superar las dificultades; cuando están muy bien, nos permite recordar que no siempre ha sido así, y que tanto las situaciones buenas como las malas son pasajeras. Hay que vivir siempre apegados a los hechos. El optimismo sin realismo es una fantasía; el realismo sin optimismo suele caer en el pesimismo.

• <u>Familia</u> He querido poner en último término este valor, no porque sea el menos importante sino, precisamente, porque es el que engloba a todos los demás. La mayoría hemos nacido y crecido dentro de una familia y tratamos de formar la propia; esto significa que el núcleo familiar es y será siempre el oasis de nuestra vida. Trabajamos por nuestra familia, luchamos por ella, la defendemos, nos motiva, nos acoge, nos fortalece y nos consuela cuando las cosas no van bien. Por ello, considero muy importante que no caigamos en una trampa muy común de nuestro acelerado mundo: desatender a nuestra familia con el afán de "darle lo mejor". Habría que precisar qué significa "lo mejor", no para nosotros sino para nuestros hijos y nuestro cónyuge. **Se debe trabajar para la familia y no sacrificar a la familia para trabajar.** El orden en nuestro trabajo y el respeto a nosotros mismos, nos llevará a mantener siempre en alto este valor tan importante.

El Secreto es...

Cuando terminé el primer borrador de esta pequeña obra, me pareció importante confiarlo a un buen amigo para que lo leyera y me diera su opinión. Días después me llamó para decirme que ya lo había terminado.

—¿Qué te pareció? —le pregunté lleno de curiosidad.

—Me gustó mucho, porque veo que hay congruencia entre lo que escribiste y lo que haces.

—¡No sabes cómo me alegra tu comentario! —le dije muy satisfecho.

—Sin embargo, me queda una curiosidad, porque a través del libro no llegué a conocer tu secreto.

Recordando una famosa película animada de Disney, le respondí:

—Ese es mi secreto, que no hay secreto...

Un par de semanas después de este diálogo, cerré un contrato con un cliente al que había dado seguimiento durante más de 3 años. Después de hacer varios ejercicios de comparación entre las alternativas que tenía, decidió comprar el plan que le ofrecí. Salí de aquella reunión sintiéndome feliz por lo que había logrado y, al subir a mi auto, recordé las palabras de mi amigo: "No llegué a conocer tu secreto". Fue entonces que lo vi con claridad: **Mi secreto está, definitivamente, en el seguimiento,** pensé. En ese momento tomé el teléfono y lo llamé:

Ya lo decidí: Mi secreto está en el seguimiento que doy a los clientes.

—Estoy de acuerdo contigo —me contestó con calma—, sin embargo, añadiría que, además, eres un vendedor que no transmite ansiedad por vender, no presionas al cliente, sino que le haces saber y sentir que la decisión final es suya, y que el trato se hará sólo si está totalmente de acuerdo y convencido de que lo que tú le ofreces es lo mejor para él.

—¡Muchas gracias por tus buenos conceptos sobre mí! —le repuse complacido— Creo que eso también he tratado de plasmarlo en mi libro.

Queridos lectores y colegas de ventas, **el secreto está en el seguimiento inteligente que le demos al cliente, sin presionarlo, y en buscar ser vendedores con gran sentido humano.** Esto es lo que he querido transmitirles con la certeza de que

"El buen vendedor no vende, le compran".

Contacto

Aldrete & Asociados
+52 (33) 3827-0001
contacto@aldrete.com.mx
www.aldrete.com.mx